Mathématiques Financières Simplifiées : Un Guide Accessible pour Tous

Préambule

Les mathématiques financières sont un domaine qui peut sembler intimidant à première vue, mais elles sont en réalité à la portée de chacun. Que vous soyez un novice en la matière ou un passionné de chiffres, ce guide, intitulé "Mathématiques Financières Simplifiées : Un Guide Accessible pour Tous", a été conçu pour vous fournir les connaissances essentielles dont vous avez besoin pour prendre des décisions financières éclairées.

Notre objectif est de rendre les concepts financiers clairs, accessibles et pertinents pour votre vie quotidienne. Vous découvrirez comment comprendre et gérer vos placements, optimiser vos emprunts, économiser de l'argent, et prendre des décisions financières intelligentes. Nous avons conçu ce guide pour vous accompagner à chaque étape de votre parcours financier, que vous cherchiez à épargner pour la retraite, à investir dans votre éducation, à acheter une maison, ou à gérer vos dettes.

Dans ce guide, nous vous guiderons à travers des explications simples et des exemples concrets. Vous apprendrez à maîtriser les fonctions exponentielles, les logarithmes népériens, les graphiques financiers, les calculs de mensualités, et bien d'autres concepts clés. Que vous soyez étudiant, professionnel, entrepreneur, ou tout simplement désireux de mieux comprendre le monde des finances, ce guide vous offre une base solide pour atteindre vos objectifs financiers.

Nous espérons que ce livre simplifiera votre compréhension des mathématiques financières, stimulera votre confiance dans la gestion de votre argent, et vous aidera à prendre des décisions financières judicieuses. N'oubliez pas que les mathématiques financières sont un outil puissant pour votre avenir financier, et ce guide est conçu pour vous donner les clés nécessaires pour réussir.

Que cette exploration des mathématiques financières vous soit enrichissante et inspirante, et qu'elle vous accompagne dans votre parcours vers une gestion financière éclairée et efficace. Bonne lecture et bonne route vers le succès financier !

1. Introduction

L'introduction est le pilier sur lequel repose toute compréhension approfondie des mathématiques financières. Avant de plonger dans les détails des calculs et des concepts, il est essentiel de comprendre pourquoi les mathématiques financières sont si pertinentes et comment elles peuvent influencer nos vies. Cette section éclairera non seulement l'importance des mathématiques financières pour tous, mais elle définira également l'objectif de ce livret, ainsi que sa structure pour vous guider dans votre parcours d'apprentissage.

1.1 L'importance des mathématiques financières pour tous

Les mathématiques financières sont souvent perçues comme un domaine complexe réservé aux experts en finance, mais en réalité, elles sont d'une importance cruciale pour chaque individu, quel que soit son niveau de connaissances financières. Comprendre les concepts mathématiques sous-jacents dans le domaine financier peut avoir un impact significatif sur votre bien-être financier et votre capacité à prendre des décisions éclairées. Voici quelques raisons pour lesquelles les mathématiques financières sont essentielles pour tous :

1.1.1 Gestion des Finances Personnelles :

Les mathématiques financières vous aident à gérer votre argent au quotidien. Vous pouvez utiliser des compétences mathématiques pour budgétiser vos dépenses, calculer vos économies mensuelles, évaluer vos dettes et planifier vos investissements. Savoir comment effectuer ces calculs vous donne un contrôle plus précis sur votre situation financière.

1.1.2 Économies et Investissements :

Lorsque vous épargnez de l'argent ou investissez dans des produits financiers, les mathématiques financières vous aident à prédire les rendements et à évaluer les risques. Vous pouvez déterminer combien d'argent vous aurez dans le futur en fonction de différents taux d'intérêt, de périodes d'investissement et de contributions. Cela vous permet de prendre des décisions plus éclairées sur où placer votre argent.

1.1.3 Emprunts et Crédits :

Lorsque vous envisagez de contracter un prêt ou une hypothèque, les mathématiques financières sont essentielles pour comprendre les coûts associés. Vous pouvez calculer les mensualités, les taux d'intérêt et la durée du prêt pour déterminer quelle option est la plus avantageuse pour vous.

1.1.4 Préparation à la Retraite :

Planifier votre retraite nécessite des calculs financiers complexes. Vous devez estimer le montant dont vous aurez besoin pour maintenir votre style de vie souhaité et déterminer combien vous devez économiser chaque année pour atteindre cet objectif. Les mathématiques financières vous aident à établir un plan solide pour vos années de retraite.

1.1.5 Prises de Décision au Quotidien :

Même les décisions financières quotidiennes, telles que l'achat d'un bien ou le choix entre un paiement en espèces et un paiement par carte de crédit, impliquent des calculs financiers de base. Les mathématiques financières peuvent vous aider à évaluer ces choix pour minimiser les coûts et maximiser les avantages.

En résumé, les mathématiques financières sont un outil puissant qui vous donne le pouvoir de comprendre, d'optimiser et de planifier vos finances personnelles. Que vous gériez votre budget familial, envisagiez d'investir, ou cherchiez à prendre des décisions éclairées, la maîtrise de ces concepts est une compétence précieuse qui peut améliorer votre stabilité financière et votre qualité de vie. Dans les sections à venir de ce livret, nous vous aiderons à développer ces compétences essentielles pour une gestion financière plus efficace.

1.2 Objectif du livret

Les mathématiques financières, avec leur terminologie complexe et leurs formules parfois déconcertantes, peuvent sembler intimidantes à première vue. Cependant, notre principal objectif avec ce livret est de briser cette barrière de complexité et de rendre ces concepts accessibles à tous. Nous croyons fermement que la compréhension des mathématiques financières est un droit, non pas réservé aux experts, mais accessible à chacun. Voici ce que vous pouvez attendre de ce livret et comment il vous aidera à acquérir les connaissances nécessaires pour prendre des décisions financières plus éclairées.

1.2.1 Accessibilité pour Tous :

Ce livret a été conçu en gardant à l'esprit le grand public. Il n'est pas nécessaire d'avoir des connaissances financières préalables ou d'être un expert en mathématiques pour en tirer profit. Nous expliquerons chaque concept de manière claire et concise, en utilisant des exemples concrets et des scénarios du quotidien pour illustrer leur utilisation.

1.2.2 Démystification des Concepts :

Les mathématiques financières peuvent sembler obscures en raison de leur terminologie spécifique. Nous simplifierons ces termes et expliquerons leur signification, de sorte que vous puissiez comprendre non seulement comment les utiliser, mais aussi pourquoi ils sont importants.

1.2.3 Application Pratique :

Nous n'allons pas nous contenter de vous donner des formules à mémoriser. Notre approche est axée sur l'application. Vous apprendrez comment utiliser ces concepts pour prendre des décisions financières réelles. Que ce soit pour planifier vos économies, évaluer un investissement ou choisir un prêt, vous aurez les outils pour le faire en toute confiance.

1.2.4 Structuration du Savoir :

Le livret est structuré de manière progressive. Vous commencerez par les bases et avancerez étape par étape vers des concepts plus avancés. Chaque section est conçue pour renforcer vos compétences et vous préparer à des défis financiers de plus en plus complexes.

1.2.5 Astuces et Ressources :

En plus d'expliquer les concepts, nous partagerons des astuces pratiques pour résoudre des problèmes courants et classiques. Vous découvrirez également des ressources supplémentaires pour approfondir votre compréhension si vous le souhaitez.

1.2.6 Encouragement :

Enfin, nous voulons vous encourager. Les mathématiques financières peuvent sembler délicates au départ, mais avec de la pratique, elles deviennent plus accessibles. Votre compréhension de ces concepts est un investissement dans votre avenir financier, et ce livret est conçu pour vous soutenir à chaque étape de ce voyage.

En résumé, l'objectif de ce livret est de vous aider à acquérir les compétences essentielles en mathématiques financières pour prendre des décisions financières éclairées. Vous n'avez pas besoin d'être un expert en mathématiques ou en finance pour réussir dans ce domaine. Tout ce dont vous avez besoin, c'est la volonté d'apprendre, et ce livret vous guidera dans cette aventure passionnante vers une meilleure maîtrise de vos finances personnelles.

1.3 Structure du livret

La structure de ce livret est un élément clé de notre approche pédagogique, et elle a été soigneusement conçue pour faciliter votre apprentissage progressif des concepts financiers. Notre objectif est de vous offrir un parcours d'apprentissage fluide, vous permettant de développer une compréhension solide des mathématiques financières. Découvrez comment chaque section s'articule pour vous guider à travers ce voyage éducatif.

1.3.1 Progression Logique :

Le livret suit une progression logique, commençant par les concepts de base et évoluant vers des sujets plus avancés. Vous n'avez pas besoin de connaissances préalables en mathématiques financières. Nous bâtirons ensemble une base solide pour que vous puissiez avancer en toute confiance.

1.3.2 Fondations :

Les deux premières sections, "L'importance des mathématiques financières pour tous" et "Opérations arithmétiques de base", posent les bases essentielles. Vous y découvrirez pourquoi les mathématiques financières sont pertinentes pour vous et comment les opérations arithmétiques de base sont utilisées dans le contexte financier.

1.3.3 Placements Simples :

La troisième section, "Les Placements Simples", constitue une étape importante. Vous y apprendrez comment gérer des placements financiers basiques, calculer des intérêts simples, et comprendre la notion de fonctions linéaires pour représenter l'évolution d'un capital en fonction d'un taux d'intérêt.

1.3.4 Placements sur Livret :

La quatrième section, "Les Placements sur Livret", vous emmène plus loin dans le monde des mathématiques financières. Vous explorerez les intérêts composés, les fonctions exponentielles, et comment représenter graphiquement l'évolution d'un capital en fonction d'intérêts composés. Des rappels essentiels sur les logarithmes népériens vous aideront à maîtriser ces concepts.

1.3.5 Emprunts Bancaires :

La cinquième section, "Les Emprunts Bancaires", vous permettra de comprendre comment les emprunts sont calculés, que ce soit à taux fixe ou variable. Vous apprendrez à calculer des mensualités de prêts, à évaluer les coûts des emprunts, et à prendre des décisions financières éclairées.

1.3.6 Astuces et Résolution de Problèmes :

La sixième section vous donnera des astuces pour résoudre les problématiques les plus courantes et classiques. Vous aurez l'occasion de mettre en pratique ce que vous avez appris en abordant diverses situations financières.

En suivant cette structure, vous acquerrez progressivement des compétences en mathématiques financières, renforçant votre compréhension à chaque étape. Nous nous engageons à vous fournir les outils nécessaires pour que vous puissiez aborder des sujets financiers de plus en plus avancés avec confiance. Que vous soyez un débutant ou que vous souhaitiez approfondir vos connaissances existantes, ce livret vous servira de guide fiable pour naviguer dans le monde des mathématiques financières.

2. Les Fondements

2.1 Les nombres réels et entiers

L'une des premières étapes pour comprendre les mathématiques financières consiste à maîtriser les nombres réels et entiers. Ces concepts forment la base de nombreuses opérations financières et sont essentiels pour la gestion de l'argent au quotidien. Voici comment vous pouvez approfondir votre compréhension de ces concepts :

2.1.1 Nombres Entiers :

Les nombres entiers forment une catégorie de nombres essentielle en mathématiques financières. Ils englobent les nombres naturels (1, 2, 3, 4, ...) ainsi que leurs opposés, les nombres négatifs (-1, -2, -3, -4, ...), et le zéro (0). Ces nombres sont utilisés pour diverses applications financières, notamment pour compter des objets, mesurer des quantités discrètes et représenter des gains ou des pertes dans le domaine de la finance personnelle.

Illustration :
Supposons que vous teniez un compte d'épargne pour lequel vous faites des dépôts réguliers. Vous pouvez utiliser les nombres entiers pour suivre le solde de votre compte au fil du temps. Voici un exemple concret :

- Au début, vous avez un solde de 500 €, ce qui peut être représenté par le nombre entier positif 500.
- Vous effectuez un dépôt de 200 € dans ce compte, ce qui augmente votre solde à 700 € (500 + 200).
- Ensuite, vous décidez de retirer 100 € pour une dépense imprévue, ce qui réduit votre solde à 600 € (700 - 100).
- Plus tard, vous réalisez un gain de 300 € grâce à un investissement, ce qui porte votre solde à 900 € (600 + 300).
- Si, malheureusement, vous subissez une perte de 150 € dans une autre transaction, votre solde baisse à 750 € (900 - 150).

Toutes ces opérations financières impliquent des nombres entiers pour représenter les montants d'argent impliqués. Vous utilisez des nombres positifs pour les dépôts et les gains, et des nombres négatifs pour les retraits et les pertes. Ces nombres entiers vous permettent de suivre de manière précise l'évolution de votre situation financière au fil du temps.

En comprenant la signification des nombres entiers dans le contexte financier, vous serez mieux équipé pour gérer vos finances personnelles, suivre vos économies et prendre des décisions éclairées concernant les mouvements de fonds. Les opérations avec des nombres entiers sont un élément clé pour maintenir un contrôle efficace de vos ressources financières.

2.1.2 Nombres Réels :

Les nombres réels constituent une catégorie plus étendue de nombres qui englobe les nombres entiers, mais qui va bien au-delà. Les nombres réels incluent non seulement les nombres entiers positifs (comme 1, 2, 3), les nombres entiers négatifs (tels que -1, -2, -3) et le zéro, mais aussi les nombres décimaux (par exemple, 3,14159) et les nombres fractionnaires (comme 1/2, 0,25). La plage variée des nombres réels est essentielle pour des calculs financiers précis, car de nombreuses valeurs financières, telles que les taux d'intérêt, les rendements d'investissement, et d'autres indicateurs, sont exprimées sous forme de nombres réels.

2.1.2.1 Nombres Décimaux :

Les nombres décimaux sont un élément clé dans le monde des finances. Ils sont utilisés pour représenter des valeurs monétaires, des mesures précises et des prix sur les marchés financiers. Dans le contexte financier, les nombres décimaux sont essentiels pour exprimer des montants d'argent précis et pour effectuer des calculs de manière rigoureuse.

2.1.2.1.1 Prix d'une Action en Bourse :

Les nombres décimaux sont fréquemment utilisés pour représenter les prix des actions en bourse. Par exemple, si une action est cotée à 52,75 €, cela signifie que son prix est composé de deux parties. La partie entière, dans cet exemple, est 52, représentant les euros complets par action. La partie décimale, 0,75, indique les centimes, soit 75 centimes. En d'autres termes, le prix de cette action est de 52 euros et 75 centimes.

2.1.2.1.2 Valeur Monétaire Précise :

Les nombres décimaux sont cruciaux lorsqu'il s'agit de représenter des valeurs monétaires précises. Que vous calculiez les prix des produits, les bénéfices d'une entreprise, les coûts d'un projet ou les rendements d'investissement, les nombres décimaux vous permettent de travailler avec une précision au centime près.

2.1.2.1.3 Calculs de Rendement :

Lorsque vous évaluez le rendement d'un investissement, vous utilisez des nombres décimaux pour exprimer le pourcentage de croissance ou de perte. Par exemple, si un investissement initial de 1 000 € génère un rendement de 8,5 %, vous représentez ce rendement sous forme de nombre décimal : 0,085. Cela signifie que l'investissement a augmenté de 8,5 % de sa valeur initiale.

En comprenant l'utilisation des nombres décimaux en finance, vous serez mieux équipé pour gérer des transactions financières, évaluer des investissements, comparer des prix, et prendre des décisions éclairées en matière d'argent. La précision des nombres décimaux est un atout majeur dans le monde des finances, où chaque centime compte. Cela vous permet de réaliser des calculs fiables, d'éviter des erreurs coûteuses et de gérer vos ressources financières de manière efficace.

2.1.2.2 Nombres Fractionnaires :

Les nombres fractionnaires jouent un rôle significatif dans le domaine financier, en particulier lorsqu'il s'agit de répartir des parts de bénéfices, de calculer des coûts partagés ou d'évaluer la participation de chaque investisseur dans une entreprise. Les nombres fractionnaires permettent de représenter des parts ou des proportions précises des ressources ou des résultats financiers, ce qui est essentiel pour une répartition équitable et transparente.

2.1.2.2.1 Répartition des Bénéfices :

Dans une entreprise ou un projet, les bénéfices peuvent être partagés entre plusieurs parties prenantes, telles que les investisseurs. Les nombres fractionnaires sont couramment utilisés pour déterminer la part de chaque investisseur. Par exemple, si un investisseur détient 1/3 des parts, cela signifie qu'il a droit à un tiers des bénéfices réalisés.

2.1.2.2.2 Coûts Partagés :

Lorsque les coûts d'un projet ou d'une entreprise doivent être partagés entre plusieurs partenaires, les nombres fractionnaires permettent de répartir ces coûts de manière équitable. Si deux partenaires partagent les coûts à parts égales, chaque partenaire paiera 1/2 des dépenses.

2.1.2.2.3 Propriété et Investissement :

Dans le cas de la propriété partagée, les nombres fractionnaires sont utilisés pour représenter la part de chaque copropriétaire. Par exemple, si vous détenez 2/5 de la propriété d'un bien, cela signifie que vous possédez 40 % de cette propriété.

2.1.2.2.4 Calculs de Taux de Participation :

Lors de l'évaluation de la participation des investisseurs dans une entreprise, les nombres fractionnaires peuvent être utilisés pour représenter la proportion des actions détenues par chaque investisseur. Par exemple, si un investisseur possède 3/10 des actions, cela signifie qu'il détient 30 % de l'entreprise.

En comprenant les nombres fractionnaires et en sachant les manipuler, vous serez en mesure de participer à des transactions financières plus complexes et de prendre des décisions éclairées concernant votre implication dans des projets, des entreprises ou des investissements. Les nombres fractionnaires permettent une répartition précise des ressources et des profits, contribuant ainsi à des relations d'affaires équitables et transparentes.

2.1.2.3 Taux d'Intérêt :

Les taux d'intérêt sont des éléments fondamentaux dans le domaine des mathématiques financières. Ils jouent un rôle central dans le calcul des coûts, des rendements et des bénéfices liés à un investissement ou à un prêt. Les taux d'intérêt sont généralement exprimés sous forme de nombres réels décimaux, ce qui permet de mesurer précisément le coût ou le rendement associé à une transaction financière.

2.1.2.3.1 Coût de l'Emprunt :

Lorsque vous empruntez de l'argent, le taux d'intérêt détermine le coût de cet emprunt. Par exemple, si vous empruntez 10 000 € à un taux d'intérêt de 5 %, cela signifie que le coût de l'emprunt sera de 5 % de 10 000 €, soit 500 €.

2.1.2.3.2 Rendement des Investissements :

Les taux d'intérêt sont également utilisés pour évaluer le rendement d'un investissement. Si vous investissez 1 000 € dans un placement qui rapporte un taux d'intérêt de 6 % par an, vous gagnerez 60 € d'intérêts annuels (1 000 € x 0,06).

2.1.2.3.3 Comparaison de Taux :

Les taux d'intérêt vous permettent de comparer différents produits financiers. Vous pouvez décider d'investir dans un compte d'épargne offrant un taux de 1 % ou dans un fonds d'investissement offrant un taux de 7 %. Cette comparaison vous aidera à prendre des décisions financières éclairées.

2.1.2.3.4 Calcul de Mensualités de Prêt :

Lors de l'obtention d'un prêt, les taux d'intérêt sont utilisés pour calculer les mensualités. Si vous avez un prêt de 20 000 € avec un taux d'intérêt de 4,5 % sur 5 ans, vous utiliserez ce taux pour déterminer le montant de vos paiements mensuels.

Comprendre les taux d'intérêt en tant que nombres réels décimaux est crucial pour prendre des décisions financières éclairées. Ils vous permettent d'évaluer le coût d'un emprunt, de mesurer le rendement de vos investissements et de comparer différentes opportunités financières. En tant qu'outil central des mathématiques financières, les taux d'intérêt sont essentiels pour gérer votre argent de manière efficace et optimiser vos décisions financières.

2.1.2.4 Rendements d'Investissement :

Les rendements d'investissement sont des indicateurs cruciaux en mathématiques financières. Ils permettent d'évaluer le succès d'un investissement en mesurant le gain ou la perte par rapport à l'investissement initial. Les rendements d'investissement sont généralement exprimés sous forme de pourcentages, ce qui en fait des nombres réels, et ils sont essentiels pour prendre des décisions éclairées en matière d'investissement.

2.1.2.4.1 Calcul du Rendement :

Pour évaluer le rendement d'un investissement, vous comparez les gains ou pertes réalisés à l'investissement initial. Par exemple, si vous investissez 1 000 € dans une action et que sa valeur augmente de 70 €, votre rendement est de 7 % (70 € de gain / 1 000 € d'investissement initial).

2.1.2.4.2 Interprétation :

Un rendement de 7 % signifie que pour chaque euro investi, vous avez gagné 7 centimes. Cela peut être interprété comme un indicateur de la performance de votre investissement. Plus le rendement est élevé, plus l'investissement est rentable.

2.1.2.4.3 Comparaison d'Investissements :

Les rendements d'investissement permettent de comparer différents investissements. Si vous envisagez d'investir dans une action, un fonds commun de placement ou un bien immobilier, les rendements vous aident à évaluer quelle option offre le meilleur potentiel de gain.

2.1.2.4.4 Rendements Composés :

Les rendements composés, qui prennent en compte les gains réinvestis, sont également exprimés sous forme de pourcentages. Comprendre comment ces rendements fonctionnent est essentiel pour évaluer la croissance de votre portefeuille d'investissement.

2.1.2.4.5 Prise de Décision :

Les rendements d'investissement sont un outil précieux pour prendre des décisions financières éclairées. Ils vous aident à évaluer si un investissement est suffisamment rentable pour justifier le risque. Ils servent également à planifier vos objectifs financiers, comme l'épargne pour la retraite, l'achat d'une maison ou le financement des études de vos enfants.

Comprendre et interpréter les rendements d'investissement est essentiel pour quiconque souhaite investir de manière avisée. En maîtrisant ces concepts, vous pouvez évaluer la performance de vos investissements, comparer des opportunités, et planifier votre avenir financier en toute confiance. Les rendements d'investissement sont un instrument clé pour la gestion de votre portefeuille financier.

Comprendre et maîtriser les nombres réels est essentiel pour effectuer des calculs financiers précis. Ces nombres permettent de représenter des valeurs financières avec une grande précision, ce qui est vital pour prendre des décisions éclairées en matière d'investissement, de planification financière et d'autres domaines de la finance personnelle. Les nombres réels servent de base pour des calculs plus complexes et sont un outil indispensable dans la boîte à outils de tout individu cherchant à optimiser sa gestion financière.

Dans cette section, nous allons introduire et expliquer en détail les concepts de nombres réels et entiers. Nous illustrerons l'utilisation de ces nombres dans le contexte financier en utilisant des exemples concrets. Vous apprendrez comment effectuer des opérations de base avec ces nombres, telles que l'addition, la soustraction, la multiplication et la division. Nous fournirons également des astuces pour arrondir des montants financiers à des nombres entiers ou décimaux appropriés, car la précision est essentielle dans les calculs financiers.

En comprenant et en maîtrisant les nombres réels et entiers, vous serez mieux préparé à aborder des concepts financiers plus avancés, tels que les taux d'intérêt, les rendements d'investissement et les calculs de prêts. Vous serez également plus à l'aise pour gérer vos finances personnelles et prendre des décisions financières éclairées.

2.2 Opérations arithmétiques de base

Les opérations arithmétiques de base sont le fondement des mathématiques financières et sont essentielles pour réaliser des calculs précis en matière d'argent. Avant d'aborder les concepts financiers plus avancés, il est crucial de maîtriser les opérations de base telles que l'addition, la soustraction, la multiplication et la division, y compris la manipulation de nombres négatifs.

2.2.1 Rappel sur les Nombres Négatifs :

Les nombres négatifs sont un concept fondamental en mathématiques financières. Ils représentent des nombres entiers inférieurs à zéro, tels que -1, -2, -3, et ainsi de suite. En finance, les nombres négatifs sont largement utilisés pour refléter des aspects cruciaux de la réalité financière, tels que les pertes, les dettes, les coûts ou les décaissements. Comprendre la signification et l'utilisation des nombres négatifs est essentiel pour des calculs financiers précis et réalistes.

2.2.1.1 Utilisation en Finance :

Les nombres négatifs sont souvent utilisés pour représenter des situations financières où la valeur diminue. Par exemple, lorsque vous subissez une perte sur un investissement, le montant de cette perte est exprimé en utilisant un nombre négatif. Si vous avez une dette, son montant est également exprimé comme un nombre négatif, car il représente l'argent que vous devez rembourser.

2.2.1.2 Pertes :

Lorsque vous investissez dans une action et que sa valeur diminue, la perte que vous subissez est exprimée sous forme d'un nombre négatif. Par exemple, si vous avez acheté une action à 50 € et qu'elle tombe à 40 €, votre perte est de -10 €.

2.2.1.3 Dettes :

Si vous avez un prêt ou une dette de 5 000 €, cette somme est représentée sous forme d'un nombre négatif de -5 000 €, car elle représente l'argent que vous devez rembourser.

2.2.1.4 Coûts :

Les coûts ou dépenses, tels que les factures mensuelles, sont souvent exprimés sous forme de nombres négatifs dans votre budget. Par exemple, si votre facture d'électricité est de 100 €, cela signifie une dépense de -100 € dans votre budget.

2.2.1.5 Décaissements :

Lorsque vous retirez de l'argent de votre compte bancaire ou effectuez un paiement, ces montants sont également représentés comme des nombres négatifs, car ils représentent une sortie d'argent.

En comprenant le rôle des nombres négatifs en finance, vous serez en mesure de gérer plus efficacement les situations financières complexes, d'analyser les pertes et les dettes, et de réaliser des calculs financiers précis. Les nombres négatifs sont un outil essentiel pour refléter la réalité financière et prendre des décisions éclairées dans le monde de la gestion de l'argent.

Explorons les opérations arithmétiques de base :

2.2.2 L'Addition en Finance :

L'addition est l'une des opérations mathématiques les plus simples, mais elle revêt une importance cruciale dans le domaine des mathématiques financières. Elle permet de combiner deux nombres pour obtenir un total. Dans le contexte financier, l'addition est largement utilisée pour calculer la somme d'argent totale lorsque des fonds sont ajoutés, des revenus sont générés, ou des gains sont accumulés.

2.2.2.1 Exemple Concret :

Prenons un exemple concret pour illustrer l'importance de l'addition en finance. Imaginons que vous ayez un compte d'épargne où vous avez initialement déposé 200 €. Ce montant initial représente votre solde de départ.

Maintenant, vous décidez d'ajouter 100 € supplémentaires à ce compte. Ces 100 € représentent un dépôt que vous faites pour augmenter votre épargne. Vous pouvez utiliser l'addition pour calculer le nouveau solde de votre compte après ce dépôt :

Solde Initial : 200 €
+ Dépôt : 100 €
= Nouveau Solde : 300 €

Après avoir ajouté les 100 €, votre solde total est de 300 €. L'addition vous permet de déterminer rapidement le montant total d'argent que vous avez dans votre compte d'épargne.

2.2.2.2 Applications en Finance :

L'addition est utilisée dans de nombreuses situations financières :

2.2.2.2.1 Calcul de Solde :

Pour suivre l'évolution de vos comptes bancaires, de vos investissements ou de vos portefeuilles, vous utiliserez fréquemment l'addition pour ajouter des revenus, des intérêts ou des gains.

2.2.2.2.2 Planification Budgétaire :

Lors de la création d'un budget financier, vous additionnerez vos revenus et soustrairez vos dépenses pour déterminer si vous êtes en excédent ou en déficit budgétaire.

2.2.2.2.3 Calculs de Rentabilité :

Dans l'investissement, vous additionnerez les revenus, les dividendes et les gains en capital pour évaluer la rentabilité de vos placements.

2.2.2.2.4 Épargne :

Lors de l'épargne pour des objectifs financiers, tels que l'achat d'une maison, l'éducation ou la retraite, l'addition vous aidera à suivre l'accumulation de l'argent nécessaire.

En comprenant l'addition et en sachant l'appliquer en finance, vous serez mieux équipé pour gérer vos finances personnelles, suivre vos économies, et prendre des décisions éclairées concernant les mouvements de fonds. L'addition est l'une des bases essentielles pour effectuer des calculs financiers précis et maintenir un contrôle efficace de vos ressources financières.

2.2.3 La Soustraction en Finance :

La soustraction est une opération mathématique fondamentale qui a une grande pertinence en finance. Elle consiste à retirer un nombre d'un autre pour obtenir la différence entre les deux. En finance, la soustraction est couramment utilisée pour calculer les pertes, les dépenses, les paiements et déterminer le solde financier après des transactions ou des événements financiers.

2.2.3.1 Exemple Concret :

Prenons un exemple pour illustrer l'importance de la soustraction en finance. Supposons que vous ayez un solde initial de 500 € dans votre compte bancaire.

Maintenant, vous effectuez un paiement de 250 € pour régler une facture. La soustraction est utilisée pour calculer votre nouveau solde après cette dépense :

Solde Initial : 500 €
- Paiement : 250 €
= Nouveau Solde : 250 €

Après avoir soustrait le paiement de 250 € de votre solde initial de 500 €, vous obtenez un nouveau solde de 250 €. Cela signifie que vous disposez actuellement de 250 € sur votre compte.

2.2.3.2 Applications en Finance :

La soustraction est couramment utilisée dans diverses situations financières :

2.2.3.2.1 Calcul de Pertes :

Lorsque la valeur d'un investissement diminue, la soustraction est utilisée pour déterminer la perte subie. Par exemple, si la valeur d'une action a baissé de 20 € depuis votre achat initial, votre perte est de 20 €.

Pour gérer un budget personnel, la soustraction est utilisée pour suivre les dépenses et déterminer combien d'argent vous avez laissé après avoir payé vos factures et effectué des achats.

Les paiements tels que les remboursements de prêts, les factures ou les dépenses courantes sont calculés en soustrayant les montants de votre solde.

La soustraction est utilisée pour déterminer les soldes dans divers comptes financiers, qu'il s'agisse de comptes bancaires, de comptes d'investissement ou de comptes de carte de crédit.

Comprendre la soustraction et savoir l'appliquer en finance est essentiel pour suivre les transactions, évaluer les pertes et les dépenses, et maintenir un contrôle efficace de vos finances personnelles. Elle est un outil précieux pour évaluer les changements financiers et maintenir un suivi précis de vos ressources financières.

2.2.4 Multiplication en Finance :

La multiplication est une opération mathématique essentielle en finance. Elle consiste à trouver le résultat d'une répétition d'une valeur par une autre. En finance, la multiplication est largement utilisée pour calculer des montants futurs, des intérêts et des gains. Elle est un élément clé dans la réalisation de projections financières, d'évaluations d'investissements et de calculs de rentabilité.

2.2.4.1 Exemple Concret :

Pour comprendre l'importance de la multiplication en finance, prenons un exemple. Supposons que vous ayez 1 000 € que vous envisagez d'investir à un taux d'intérêt de 5 % par an.

La multiplication est utilisée pour calculer le gain annuel que vous obtiendrez de cet investissement :

Investissement Initial : 1 000 €
Taux d'Intérêt Annuel : 5 % (ou 0,05 en forme décimale)
Gain Annuel = Investissement Initial x Taux d'Intérêt Annuel
Gain Annuel = 1 000 € x 0,05
Gain Annuel = 50 €

Ainsi, grâce à la multiplication, vous pouvez déterminer que votre gain annuel de cet investissement sera de 50 €. Cela signifie que, à la fin de l'année, vous aurez gagné 50 € supplémentaires grâce à cet investissement.

2.2.4.2 Applications en Finance :

La multiplication est utilisée dans divers contextes financiers :

2.2.4.2.1 Calcul d'Intérêts :

Lors de l'évaluation d'investissements, de comptes d'épargne ou de prêts, la multiplication est utilisée pour calculer les intérêts gagnés ou payés. Par exemple, pour calculer les intérêts sur un dépôt de 2 000 € à un taux de 3 %, vous effectuerez une multiplication (2 000 € x 0,03) pour obtenir 60 € d'intérêts.

2.2.4.2.2 Projection de Gains :

En planifiant des investissements à long terme, vous pouvez utiliser la multiplication pour estimer les gains futurs. Par exemple, si vous investissez 10 000 € avec un taux de croissance annuel prévu de 7 %, vous pouvez projeter votre gain annuel en multipliant (10 000 € x 0,07) pour obtenir 700 €.

2.2.4.2.3 Calcul de Valeurs Futures :

La multiplication est essentielle pour calculer les valeurs futures d'investissements, de prêts ou de rentes. Vous pouvez estimer combien d'argent vous aurez dans le futur en multipliant les montants initiaux par des taux de croissance ou d'intérêt.

La maîtrise de la multiplication en finance est cruciale pour réaliser des calculs précis, évaluer la rentabilité des investissements et prendre des décisions éclairées en matière d'argent. Elle est un outil central pour estimer les montants futurs, calculer les intérêts et prévoir les gains financiers, ce qui est essentiel pour la gestion de votre patrimoine financier.

2.2.5 La Division en Finance :

La division est une opération mathématique fondamentale qui joue un rôle essentiel en finance. Elle permet de partager une valeur en parties égales ou de déterminer des taux et des proportions. En finance, la division est couramment utilisée pour répartir des ressources, calculer des moyennes, évaluer des taux et déterminer des montants équitablement distribués.

2.2.5.1 Exemple Concret :

Pour comprendre l'utilité de la division en finance, prenons un exemple. Supposons que vous ayez un budget de 600 € pour deux semaines, et vous voulez savoir combien vous pouvez dépenser chaque semaine de manière équilibrée. Vous pouvez utiliser la division pour résoudre ce problème :

Budget Total : 600 €
Nombre de Semaines : 2

Dépense Hebdomadaire = Budget Total ÷ Nombre de Semaines
Dépense Hebdomadaire = 600 € ÷ 2
Dépense Hebdomadaire = 300 €

Ainsi, en divisant votre budget total de 600 € par le nombre de semaines (2), vous obtenez une dépense hebdomadaire équitable de 300 €. Cette opération vous permet de gérer votre budget de manière équilibrée sur la période prévue.

2.2.5.2 Applications en Finance :

La division trouve des applications dans de nombreux domaines financiers :

2.2.5.2.1 Répartition de Ressources :

Dans le cadre de la planification budgétaire, de la gestion de portefeuille ou de la distribution de revenus, la division est utilisée pour répartir des ressources équitablement entre différentes catégories ou périodes.

2.2.5.2.2 Calcul de Moyennes :

La division est couramment utilisée pour calculer des moyennes, telles que la moyenne des rendements d'investissement, la moyenne des coûts mensuels ou la moyenne des ventes par jour.

2.2.5.2.3 Évaluation de Taux :

Pour calculer des taux tels que les taux de croissance, les taux d'intérêt ou les taux de rendement, la division est fréquemment utilisée. Par exemple, pour déterminer le taux de croissance d'un investissement, vous divisez le gain par l'investissement initial.

2.2.5.2.4 Répartition Équitable :

La division est utilisée pour répartir des montants de manière équitable entre plusieurs parties. Par exemple, dans le cadre du partage des bénéfices entre les investisseurs, la division est utilisée pour déterminer la part de chacun en fonction de leurs investissements.

La compréhension de la division en finance est essentielle pour répartir des ressources, calculer des moyennes, évaluer des taux et prendre des décisions financières éclairées. Elle est un outil clé pour la gestion de votre argent, que ce soit pour planifier un budget, évaluer des investissements, ou distribuer des revenus de manière équitable.

La maîtrise de ces opérations arithmétiques de base, y compris la gestion de nombres négatifs, est fondamentale pour réaliser des calculs financiers précis. Elles sont la base sur laquelle reposent les concepts financiers plus avancés que nous explorerons dans ce livret. En comprenant ces opérations, vous serez mieux préparé à aborder des sujets tels que les taux d'intérêt, les placements, les emprunts, et d'autres aspects de la gestion financière.

2.3 L'utilité du Produit en Croix et la Résolution d'Équations à une Inconnue :

Le produit en croix est une technique mathématique précieuse qui trouve des applications variées, y compris en finance. Il permet de résoudre des équations comportant des fractions ou des taux, de comparer des valeurs proportionnelles, de calculer des variations et de résoudre des équations à une inconnue. En finance, cette technique est particulièrement utile pour calculer des taux de variation, comparer des offres financières, ou résoudre des problèmes liés aux pourcentages.

2.3.1 Applications en Finance :

2.3.1.1 Calcul de Taux de Variation :

Le calcul de taux de variation est une application fréquente du produit en croix en finance. Il permet de déterminer le taux de croissance, le taux de rendement ou le taux de variation d'une quantité au fil du temps. Cette notion est essentielle pour évaluer la performance d'investissements, suivre l'évolution des économies et analyser les tendances financières.

2.3.1.1.1 Exemple Concret :

Supposons que vous ayez effectué un investissement initial de 1 000 € dans un fonds d'investissement, et que vous souhaitiez connaître le taux de variation de cet investissement après une année.

La formule du taux de variation peut être exprimée comme suit :

$$InvestissementInitial \times (1 + TauxdeVariation) - ValeurAprèsVariation$$

Dans cet exemple, vous savez que l'investissement initial est de 1 000 €, et la valeur après un an est de 1 200 €. Vous souhaitez trouver le taux de variation, représenté par "Taux de Variation". Vous pouvez résoudre cette équation à l'aide du produit en croix.

$$1000€ \times (1 + TauxdeVariation) - 1200€$$

Tout d'abord, vous isolez "Taux de Variation" en divisant des deux côtés par 1 000 € :

$$1 + TauxdeVariation = \frac{1200€}{1000€}$$

Ensuite, vous soustrayez 1 des deux côtés pour obtenir le taux de variation :

$$TauxdeVariation = \frac{1200€}{1000€} - 1$$
$$TauxdeVariation = 1,2 - 1$$
$$TauxdeVariation = 0,2$$

Ainsi, le taux de variation de cet investissement est de 0,20, soit 20 %.

2.3.1.1.2 Applications en Finance :

2.3.1.1.2.1 Évaluation de la Performance des Investissements :

Les investisseurs utilisent le taux de variation pour évaluer la croissance de la valeur de leurs investissements au fil du temps. Un taux de variation positif indique une croissance, tandis qu'un taux négatif signale une diminution de la valeur.

2.3.1.1.2.2 Analyse des Tendances Financières :

Les entreprises et les analystes financiers utilisent le taux de variation pour analyser les tendances financières, telles que la croissance des ventes, les bénéfices, ou la rentabilité d'une entreprise.

2.3.1.1.2.3 Prévisions et Planifications :

La connaissance du taux de variation est essentielle pour les prévisions budgétaires, les projections de revenus et les décisions d'investissement. Il permet de planifier les futurs mouvements financiers en fonction des variations prévues

Le calcul de taux de variation est un outil fondamental en finance pour évaluer la performance et l'évolution des valeurs financières. Le produit en croix est un moyen efficace de résoudre des équations de taux de variation, ce qui permet d'obtenir des informations précieuses pour prendre des décisions éclairées en matière d'investissements et de finances personnelles.

2.3.1.2 Comparaison d'Offres Financières :

Lorsque vous comparez des offres financières, telles que des taux d'intérêt sur des prêts ou des rendements sur des investissements, le produit en croix est un outil puissant qui peut vous aider à déterminer quelle offre est la plus avantageuse. En analysant les taux en fonction du montant, de la durée et des paiements, vous pouvez prendre des décisions financières plus éclairées et choisir l'option qui répond le mieux à vos besoins.

Prenons un exemple concret pour illustrer l'utilité du produit en croix lors de la comparaison d'offres financières. Supposons que vous envisagiez de contracter un prêt automobile, et deux prêteurs vous proposent des taux d'intérêt différents.

- Prêteur A offre un taux d'intérêt de 5 % sur un prêt de 10 000 €, à rembourser sur 5 ans.
- Prêteur B propose un taux d'intérêt de 4,5 % sur un prêt de 10 000 €, à rembourser sur 4 ans.

Pour déterminer quelle offre est la plus avantageuse, vous pouvez utiliser le produit en croix pour calculer le montant total des intérêts que vous paierez dans chaque cas.

Pour le Prêteur A :

$$MontantdesIntérêts = MontantduPrêt \times Tauxd'Intérêt \times DuréeduPrêt$$
$$MontantdesIntérêts = 10000€ \times 0,05 \times 5$$
$$MontantdesIntérêts = 2500€$$

Pour le Prêteur B :

$$MontantdesIntérêts = MontantduPrêt \times Tauxd'Intérêt \times DuréeduPrêt$$
$$MontantdesIntérêts = 10000€ \times 0,045 \times 4$$
$$MontantdesIntérêts = 1800€$$

En utilisant le produit en croix pour calculer les montants d'intérêts, vous constatez que l'offre du Prêteur B est plus avantageuse, car vous paierez moins d'intérêts sur la durée du prêt.

2.3.1.2.2 Applications en Finance :

2.3.1.2.2.1 Choix de Prêts :

Lorsque vous recherchez un prêt, que ce soit un prêt automobile, un prêt hypothécaire ou un prêt personnel, le produit en croix vous permet de comparer les offres de différents prêteurs et de choisir celle qui vous coûtera le moins cher.

2.3.1.2.2.2 Sélection d'Investissements :

Lorsque vous évaluez des investissements, tels que des certificats de dépôt, des obligations ou des actions, le produit en croix peut vous aider à déterminer quelle option offre le meilleur rendement en fonction de la durée et du montant investi.

2.3.1.2.2.3 Planification Financière :

Dans le cadre de la planification financière personnelle, le produit en croix vous permet d'évaluer les offres bancaires, les comptes d'épargne ou les produits d'assurance pour choisir ceux qui sont les plus avantageux pour vos objectifs financiers.

La comparaison d'offres financières à l'aide du produit en croix vous donne un avantage pour prendre des décisions financières éclairées. Cela vous permet d'économiser de l'argent, d'optimiser vos investissements et de choisir les produits financiers qui correspondent le mieux à vos besoins et à vos objectifs.

2.3.1.3 Calcul de Pourcentages :

Le produit en croix est un outil précieux pour résoudre des problèmes liés aux pourcentages en finance. Il permet de déterminer des réductions en pourcentage, des augmentations de pourcentage, ou d'évaluer la variation relative d'une quantité par rapport à une autre. Ces calculs sont essentiels pour les consommateurs, les commerçants, les investisseurs et quiconque cherche à comprendre l'impact des pourcentages dans les transactions financières.

2.3.1.3.1 Exemple Concret :

Prenons un exemple courant pour illustrer l'utilisation du produit en croix dans le calcul de pourcentages. Supposons que vous envisagiez d'acheter un produit en solde, et vous souhaitez déterminer la réduction en pourcentage par rapport au prix d'origine.

- Le prix d'origine du produit est de 200 €.
- Le prix en solde est de 140 €.

Pour calculer la réduction en pourcentage, vous pouvez utiliser le produit en croix de la manière suivante :

$$Réduction\,en\,Pourcentage = \left(1 - \frac{Prix\,en\,Solde}{Prix\,d'Origine}\right) \times 100$$

$$Réduction\,en\,Pourcentage = \left(1 - \frac{140€}{200€}\right) \times 100$$

$$Réduction\,en\,Pourcentage = (1 - 0,7) \times 100$$

$$Réduction\,en\,Pourcentage = 0,3 \times 100 = 30\%$$

Ainsi, la réduction en pourcentage sur ce produit en solde est de 30 % par rapport au prix d'origine.

2.3.1.3.2 Applications en Finance :

2.3.1.3.2.1 Calcul de Réductions et d'Augmentations :

Le produit en croix est utilisé pour calculer des réductions en pourcentage lors d'achats en solde, des augmentations de pourcentage pour les hausses de prix, ou pour estimer des gains en pourcentage sur des investissements.

2.3.1.3.2.2 Comparaison de Taux de Retour :

Les investisseurs utilisent le produit en croix pour comparer les taux de rendement sur différents investissements, ce qui leur permet de déterminer lequel offre le meilleur rendement en pourcentage.

2.3.1.3.2.3 Analyse de Marges Bénéficiaires :

Les entreprises utilisent le produit en croix pour évaluer les marges bénéficiaires sur les produits, en calculant le pourcentage de profit par rapport au coût de revient.

2.3.1.3.2.4 Détermination de Taxes :

Les calculs de pourcentages sont couramment utilisés pour déterminer les montants de taxes sur les ventes, la TVA ou d'autres obligations fiscales.

La capacité à résoudre des problèmes liés aux pourcentages à l'aide du produit en croix est un atout important en finance. Cela permet de prendre des décisions éclairées lors d'achats, d'investissements, de négociations et de calculs fiscaux. En comprenant cette technique, vous pouvez mieux gérer vos finances personnelles et professionnelles.

2.3.1.4 Calculs de Prix et de Coûts :

Lorsque vous évaluez les prix, les coûts ou les marges de profit en finance, le produit en croix est un outil inestimable pour résoudre des équations impliquant des pourcentages. Il est fréquemment utilisé pour déterminer les prix de vente après l'application de réductions, calculer les marges bénéficiaires, ou évaluer les coûts unitaires. Ces calculs sont cruciaux pour les entreprises, les détaillants, les entrepreneurs et tous ceux qui sont impliqués dans des transactions financières.

2.3.1.4.1 Exemple Concret :

Prenons un exemple concret pour illustrer l'utilisation du produit en croix dans le calcul de prix et de coûts. Supposons que vous gériez un magasin de détail et que vous souhaitiez déterminer le prix de vente d'un article après l'application d'une réduction de 15 % sur le prix d'origine.

- Le prix d'origine de l'article est de 80 €.
- Vous souhaitez appliquer une réduction de 15 % sur cet article.

Pour calculer le nouveau prix de vente, vous pouvez utiliser le produit en croix de la manière suivante :

$$PrixdeVente = Prixd'Origine \times \left(1 - \frac{RéductionenPourcentage}{100}\right)$$

$$PrixdeVente = 80€ \times \left(1 - \frac{15}{100}\right)$$

$$PrixdeVente = 80€ \times (1 - 0,15)$$

$$PrixdeVente = 80€ \times 0,85 = 68€$$

Ainsi, le prix de vente après l'application de la réduction est de 68 €.

2.3.1.4.2 Applications en Finance :

2.3.1.4.2.1 Détermination des Prix de Vente :

Les commerçants utilisent le produit en croix pour calculer les prix de vente après l'application de réductions, de remises ou de promotions.

2.3.1.4.2.2 Évaluation des Coûts Unitaires :

Les entreprises utilisent cette technique pour déterminer les coûts unitaires de production en fonction des coûts totaux et des quantités produites.

2.3.1.4.2.3 Calcul de Marges Bénéficiaires :

Le produit en croix est employé pour calculer les marges bénéficiaires en pourcentage, en comparant le prix de vente au coût d'achat.

2.3.1.4.2.4 Estimation des Coûts :

Les entrepreneurs et les gestionnaires utilisent cette méthode pour estimer les coûts de projets, de produits ou de services.

La capacité à effectuer des calculs de prix, de coûts et de marges à l'aide du produit en croix est essentielle en finance, que ce soit pour maximiser les profits, établir des stratégies de tarification ou évaluer les coûts de production. Cette compétence est précieuse pour les entreprises, les entrepreneurs et les consommateurs qui cherchent à prendre des décisions financières judicieuses.

2.4 Calculer un taux de variation :

Le calcul d'un taux de variation est une opération fondamentale en mathématiques financières. Il permet de mesurer l'évolution relative d'une quantité par rapport à une autre sur une période donnée. Cette notion est essentielle pour évaluer les performances financières, analyser les tendances, ou estimer les variations de prix, de revenus, d'investissements, etc.

2.4.1 Exemple Concret :

Supposons que vous souhaitiez calculer le taux de variation du prix d'une action au cours d'une année. Voici comment vous pourriez procéder :

- Le prix initial de l'action était de 100 €.
- Le prix actuel de l'action est de 120 €.

Le calcul du taux de variation se fait en utilisant la formule suivante :

$$TauxdeVariation = \left(\frac{PrixActuel - PrixInitial}{PrixInitial} \right) \times 100$$

$$TauxdeVariation = \left(\frac{120€ - 100€}{100€} \right) \times 100$$

$$TauxdeVariation = \left(\frac{20€}{100€} \right) \times 100$$

$$TauxdeVariation = 0,2 \times 100 = 20\%$$

Le taux de variation du prix de l'action est de 20 %, ce qui signifie qu'il a augmenté de 20 % au cours de l'année.

2.4.2 Applications en Finance :

2.4.2.1 Suivi de la Performance d'Investissements :
Les investisseurs utilisent le taux de variation pour évaluer la croissance de la valeur de leurs investissements, que ce soit des actions, des obligations, des biens immobiliers ou d'autres actifs.

2.4.2.2 Analyse des Tendances :
Les entreprises et les analystes financiers utilisent le taux de variation pour analyser les tendances financières, telles que la croissance des ventes, la rentabilité, ou les coûts.

2.4.2.3 Prévisions et Planification :
La connaissance du taux de variation est essentielle pour les prévisions budgétaires, les projections de revenus, et les décisions d'investissement. Il permet de prévoir l'évolution future en fonction des variations passées.

Les professionnels du marketing utilisent le taux de variation pour mesurer l'efficacité des campagnes publicitaires, des promotions, et des stratégies de tarification.

Le calcul d'un taux de variation est un outil essentiel pour prendre des décisions financières éclairées. Il permet de quantifier les changements dans des valeurs financières et d'apprécier les résultats des investissements, des projets, des produits, ou des services. Cette compétence est cruciale pour quiconque souhaite comprendre et gérer les variations dans le domaine financier.

3. Les Placements Simples

La section "Placements Simples" est dédiée à l'exploration des concepts fondamentaux qui sous-tendent les investissements financiers. Ces notions sont essentielles pour comprendre comment les capitaux évoluent au fil du temps en fonction des taux d'intérêt et des investissements initiaux. Nous explorerons en détail la notion de fonctions linéaires, la représentation graphique de l'évolution du capital, et nous illustrerons ces concepts par le biais d'exemples pratiques.

En comprenant ces principes de base, vous serez mieux armé pour prendre des décisions financières éclairées et gérer vos investissements de manière stratégique. Que vous soyez un débutant dans le domaine des placements financiers ou que vous souhaitiez renforcer vos connaissances, cette section vous guidera à travers les bases des placements simples, en vous préparant à aborder des sujets financiers plus avancés. Préparez-vous à acquérir des compétences précieuses pour optimiser votre capital et vos investissements.

3.1 Notion de Fonctions Linéaires : Décryptage

Les fonctions linéaires sont un pilier des mathématiques financières. Elles servent de cadre fondamental pour appréhender l'évolution d'un capital au fil du temps, en fonction d'un taux d'intérêt constant. Dans cette section, nous allons explorer en détail la notion de fonctions linéaires et comment elles sont employées pour modéliser la croissance ou la décroissance d'un investissement financier.

Les fonctions linéaires offrent une perspective à la fois simplifiée et incroyablement puissante pour comprendre comment les capitaux se développent ou se réduisent au fil du temps. Elles sont particulièrement adaptées pour décrire des scénarios où un investissement augmente ou diminue de manière uniforme au fil du temps. En maîtrisant ces concepts, vous serez en mesure de prédire comment votre capital évoluera en réponse à différents taux d'intérêt.

Dans cette section, vous vous préparerez à explorer les composantes fondamentales des fonctions linéaires. Vous découvrirez comment ces concepts sont appliqués dans le domaine financier et comment ils constituent les bases pour évaluer les placements simples. Ces compétences fondamentales vous armeront pour aborder des concepts financiers plus avancés et vous permettront de prendre des décisions éclairées dans le domaine des investissements.

Vous vous apprêtez à plonger dans un domaine essentiel des mathématiques financières. Les fonctions linéaires sont le point de départ idéal pour développer une compréhension solide de la manière dont les taux d'intérêt influencent les investissements. Cette compréhension vous guidera dans la gestion de vos finances et vous aidera à atteindre vos objectifs financiers avec confiance.

3.2 Représentation Graphique de l'Évolution d'un Capital en Fonction d'un Taux d'Intérêt

La représentation graphique est un outil puissant pour visualiser l'évolution d'un capital en fonction d'un taux d'intérêt. Dans cette section, nous plongerons dans le monde des graphiques financiers pour projeter l'évolution de votre capital au fil du temps. Pour bien comprendre cette notion, nous allons d'abord définir quelques éléments fondamentaux.

3.2.1. Abscisse et Ordonnée : Comprendre les Axes du Graphique

Les graphiques financiers utilisent deux axes : l'abscisse (axe horizontal, généralement le temps) et l'ordonnée (axe vertical, représentant l'évolution du capital). L'abscisse est le temps, qui est mesuré en unités (années, mois, trimestres, etc.). L'ordonnée représente le capital, exprimé en euros (ou toute autre devise) ou en pourcentage.

3.2.2. Origine du Graphique : Là où Tout Commence

L'origine du graphique, située au point (0,0), représente le moment où vous avez initié l'investissement, c'est-à-dire le moment où votre capital était de zéro. C'est le point de départ de l'évolution de votre capital.

3.2.3. Projection et Variation dans le Temps

Les graphiques financiers permettent de projeter l'évolution du capital en fonction du temps. Lorsque le taux d'intérêt est constant, le capital augmente linéairement, formant une droite à partir de l'origine. La pente de cette droite dépend du taux d'intérêt.

3.2.4. Évolution du Capital : Le Résultat du Graphique

L'évolution du capital, représentée sur l'ordonnée, illustre comment votre investissement croît ou diminue au fil du temps en fonction du taux d'intérêt. Cette représentation visuelle est essentielle pour évaluer l'impact des taux d'intérêt sur vos placements financiers.

La capacité à interpréter ces graphiques est cruciale pour évaluer comment les variations du taux d'intérêt influencent la trajectoire de votre capital, que ce soit dans le cadre de placements simples ou plus complexes.

La représentation graphique est un outil inestimable pour prendre des décisions financières éclairées. Elle vous permettra de mieux comprendre comment les taux d'intérêt influencent vos investissements, vous donnant ainsi la clairvoyance nécessaire pour ajuster votre stratégie financière au fil du temps. Préparez-vous à explorer ces concepts graphiques, à maîtriser ces compétences essentielles, et à les appliquer dans vos prises de décision quotidiennes en matière de placements financiers.

3.3 Exemples Pratiques : Mettons en Application les Concepts

Cette section, "Exemples Pratiques", est dédiée à l'application concrète des concepts de fonctions linéaires et de représentation graphique dans le contexte des placements financiers. Il est essentiel de voir comment ces idées théoriques fonctionnent dans des situations du monde réel pour mieux comprendre leur utilité.

Nous allons explorer une série d'exemples pratiques, allant des investissements à la gestion d'épargne, en passant par l'évaluation de prêts. Chacun de ces exemples vous aidera à relier les connaissances acquises sur les fonctions linéaires et la représentation graphique à des scénarios financiers concrets. Vous aurez l'opportunité d'appliquer ces compétences à des situations de tous les jours pour prendre des décisions financières éclairées.

Que vous cherchiez à estimer les gains de votre compte d'épargne, à évaluer la rentabilité d'un investissement ou à comprendre le coût d'un prêt, ces exemples pratiques vous aideront à voir comment les mathématiques financières peuvent être des outils précieux dans votre vie quotidienne. Préparez-vous à mettre en application les connaissances acquises et à développer votre capacité à résoudre des problèmes financiers avec confiance.

Exemple n°1

Ce graphique représente l'évolution d'un placement avec un investissement initial de 5 000 € et un taux d'intérêt simple de 3 % sur une période de 10 ans. Au départ, le capital est de 5 000 €, puis il augmente de 150 € (3 % d'intérêt sur 5 000 €) chaque année. Après 10 ans, le capital a atteint 6 500 €.

Capital par rapport à Année

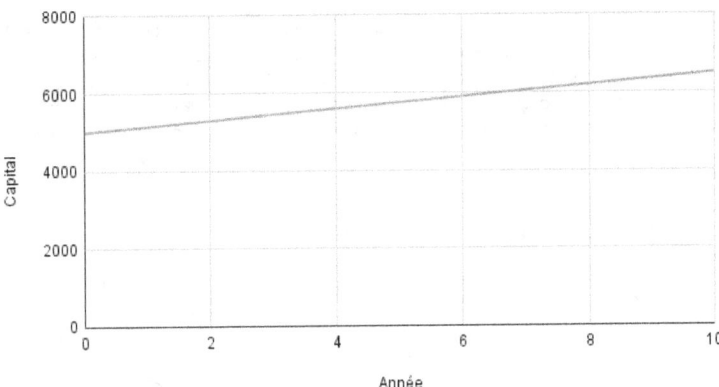

Ce graphique représente donc l'évolution d'un placement avec un investissement initial de 5 000 € et un taux d'intérêt simple de 3 % sur une période de 10 ans. Dans ce contexte, il est utile d'introduire les notions d'abscisse, d'ordonnée et de projection pour une compréhension plus approfondie.

- L'abscisse (axe horizontal, x)

Les années sont représentées sur l'axe horizontal (abscisse). Cela signifie que chaque année est une projection sur cet axe, nous permettant de suivre l'évolution du placement année après année.

- L'ordonnée (axe vertical, y) :

Le capital en euros est représenté sur l'axe vertical (ordonnée). Cela signifie que chaque montant du capital est une projection sur cet axe, nous montrant la valeur du placement à chaque point du temps.

Au départ, en année 0, le capital est de 5 000 € (point de départ). Chaque année, le capital augmente de 150 € (3 % d'intérêt sur 5 000 €). Cette augmentation annuelle est une projection sur l'axe de l'ordonnée, nous montrant la croissance du capital.

Après 10 ans, en année 10, la projection sur l'axe de l'ordonnée atteint 6 500 €, ce qui est le montant final du capital. Le graphique illustre comment les investissements à intérêt simple génèrent une croissance linéaire et régulière du capital au fil des années, avec des projections successives sur les axes de l'abscisse et de l'ordonnée. Cette croissance constante est caractéristique des placements à intérêt simple, où les intérêts sont calculés uniquement sur le montant initial.

Exemple n°2

Le graphique ci-dessous illustre l'évolution d'un placement initial de 5000 € sur une période de 10 ans, avec un taux d'intérêt simple de -0,4 % par an. Ce taux d'intérêt négatif signifie que le capital diminue chaque année. Au fil du temps, le montant du placement diminue progressivement, et après 10 ans, le capital s'élève à 4800 €. Cette simulation met en évidence comment les taux d'intérêt simples négatifs peuvent entraîner une réduction du capital initial.

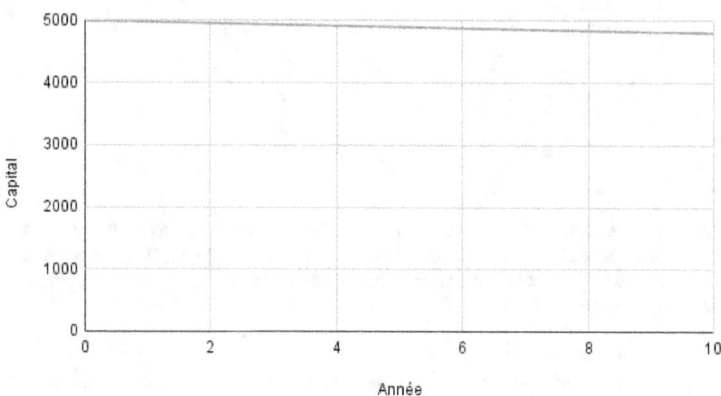

Exemple n°3

Calcul de l'Évolution du Coût d'un Prêt Bancaire Linéaire

Lorsque vous empruntez de l'argent auprès d'une banque pour un projet, un achat immobilier ou tout autre besoin financier, vous devez rembourser cet emprunt au fil du temps. Le remboursement linéaire est l'une des méthodes courantes de remboursement de prêts, où vous remboursez une somme égale chaque mois, composée d'une partie de capital et d'intérêts.

Supposons que vous empruntez 100 000€ à un taux d'intérêt de 4,5% sur une période de 20 ans. Vous souhaitez comprendre comment le coût de ce prêt évolue au fil du temps.

Étape 1 : Calcul des Paiements Mensuels

La première étape consiste à calculer le montant que vous devez payer chaque mois. Cela s'appelle le paiement mensuel (PM). Pour ce faire, utilisez la formule suivante :

$$PM = \frac{Capital\ Emprunté}{Nombre\ de\ Mois}$$

Dans cet exemple :

$$PM = \frac{100,000€}{20\ ans * 12\ mois/an} = \frac{100,000€}{240\ mois} = 416,67€$$

Étape 2 : Calcul des Intérêts Mensuels

Chaque mois, une partie de votre paiement mensuel va vers les intérêts. Le montant des intérêts dépend du solde restant dû à ce moment-là. Le taux d'intérêt mensuel est calculé en divisant le taux d'intérêt annuel par 12 (le nombre de mois dans une année). Dans cet exemple :

$$Taux\ d'Intérêt\ Mensuel = \frac{Taux\ d'Intérêt\ Annuel}{12} = \frac{4,5\%}{12} = 0,375\%$$

Étape 3 : Calcul du Capital Remboursé Mensuellement

Le capital remboursé chaque mois est la différence entre le paiement mensuel et les intérêts mensuels :

$$Capital\ Remboursé = Paiement\ Mensuel - Intérêts\ Mensuels$$

Pour le premier mois :

$$Capital\ Remboursé = 416,67€ - (100,000€ * 0,375\%) = 416,67€ - 375€ = 41,67€$$

Étape 4 : Réduction du Solde Restant Dû

Après chaque paiement mensuel, le solde restant dû diminue en fonction du capital remboursé. Le nouveau solde restant dû est calculé comme suit :

$$Nouveau\ Solde\ Restant\ Dû = Solde\ Restant\ Dû - Capital\ Remboursé$$

Pour le premier mois :

$$Nouveau\ Solde\ Restant\ Dû = 100,000€ - 41,67€ = 99,958,33€$$

Étape 5 : Répétition du Processus

Vous répétez ces étapes chaque mois, en mettant à jour le solde restant dû. Plus vous avancez dans le temps, plus la part du capital remboursé dans le paiement mensuel augmente, tandis que la part des intérêts diminue. Cela signifie que le coût total du prêt diminue progressivement.

Conclusion :

Le remboursement linéaire est une méthode courante de remboursement de prêts qui implique des paiements mensuels constants. Au fur et à mesure que le prêt est remboursé, la part des intérêts diminue, ce qui signifie que le coût total du prêt diminue également. Cela peut vous aider à mieux comprendre comment votre prêt évolue au fil du temps et comment vous remboursez à la fois le capital emprunté et les intérêts à la banque.

4. L'Épargne sur Livret

Les placements sur livret occupent une place significative dans le domaine de la gestion financière personnelle. Ils sont souvent considérés comme un point de départ pour toute personne souhaitant faire fructifier son capital de manière sécurisée. Parmi les différents types de placements sur livret, le **Livret A** est l'un des plus répandus, notamment en France. Dans cette section, nous explorerons les concepts fondamentaux qui sous-tendent ces placements, avec un accent particulier sur la compréhension des mécanismes essentiels nécessaires pour prendre des décisions éclairées en matière de gestion de votre capital, en lien avec le Livret A.

Le Livret A est un produit d'épargne réglementé en France, offert par les banques, les caisses d'épargne, et La Banque Postale. Il est régi par des lois spécifiques et présente des caractéristiques particulières qui en font un choix privilégié pour de nombreux épargnants.

1. Sécurité et Liquidité :

Le Livret A est réputé pour sa sécurité. Les fonds déposés sur un Livret A sont garantis par l'État français, ce qui signifie que votre capital est protégé. De plus, vous avez un accès immédiat à vos fonds, ce qui le rend très liquide. Cela en fait un choix idéal pour les économies d'urgence ou pour des fonds dont vous pourriez avoir besoin rapidement.

2. Taux d'Intérêt :

Le Livret A offre un taux d'intérêt fixé par le gouvernement. Ce taux est révisé périodiquement pour refléter les conditions économiques, mais il est généralement conçu pour protéger le pouvoir d'achat de l'épargnant en maintenant une certaine rentabilité. Les intérêts générés sont exonérés de l'impôt sur le revenu, ce qui est un avantage supplémentaire.

3. Plafond de Dépôt :

Le Livret A a un plafond de dépôt maximal établi par la réglementation. Cela signifie que vous ne pouvez pas déposer une somme illimitée sur ce compte. Cependant, cette limite est conçue pour garantir que le Livret A reste accessible à un large éventail d'épargnants.

En revenant à notre section, la compréhension des concepts sous-jacents aux placements sur livret, tels que les fonctions exponentielles, la représentation graphique des intérêts composés, et les logarithmes népériens, vous aidera à prendre des décisions éclairées sur la manière de gérer votre capital, notamment sur votre choix d'investir dans un Livret A ou d'autres types de comptes d'épargne.

En fin de compte, cette section vise à éduquer les lecteurs sur les principes fondamentaux de la gestion financière personnelle, tout en leur permettant de mieux comprendre comment les produits comme le Livret A s'insèrent dans l'ensemble de leur portefeuille financier. Cela leur permettra de prendre des décisions informées et de maximiser la valeur de leur épargne, tout en conservant un haut degré de sécurité.

4.1 Notion de fonctions exponentielles

La compréhension des fonctions exponentielles est une étape essentielle pour saisir pleinement le fonctionnement des placements sur livret et de nombreux autres aspects de la finance personnelle. Les fonctions exponentielles sont un concept mathématique fondamental qui joue un rôle central dans la croissance des investissements au fil du temps. Dans cette section, nous allons explorer en détail les bases de ces fonctions et vous montrer comment elles sont étroitement liées aux taux d'intérêt et aux durées de placement.

4.1.1 Qu'est-ce qu'une fonction exponentielle ?

Une fonction exponentielle est une fonction mathématique de la forme

$$f(x) = a \cdot b^x$$

où "a" est un coefficient constant et "b" est une base constante différente de zéro et de un. Cette fonction modélise la croissance exponentielle, ce qui signifie que la valeur de la fonction augmente de façon proportionnelle à elle-même au fil du temps. Dans le contexte des placements sur livret, "a" peut représenter le capital initial que vous investissez, et "b" est lié au taux de croissance.

4.1.2 Relation avec les taux d'intérêt :

Le lien entre les fonctions exponentielles et les placements sur livret réside dans le fait que les taux d'intérêt composés sont souvent exprimés sous forme exponentielle. Les intérêts composés signifient que les intérêts que vous gagnez sont ajoutés au capital initial, et ces intérêts eux-mêmes génèrent à leur tour des intérêts. Cette croissance exponentielle est capturée par les fonctions exponentielles.

4.1.3 Impact sur la croissance de l'argent :

En comprenant les fonctions exponentielles, vous pouvez apprécier comment les placements sur livret, tels que le Livret A, augmentent au fil du temps. Vous verrez comment de petits taux d'intérêt appliqués de manière répétée peuvent entraîner une croissance significative de votre capital. Plus vous comprenez cette relation, plus vous pouvez prendre des décisions financières éclairées concernant la gestion de vos investissements et l'atteinte de vos objectifs financiers.

4.1.4 Durées de placement :

Enfin, les fonctions exponentielles sont intimement liées à la durée de placement. Plus la durée est longue, plus l'impact de la croissance exponentielle est prononcé. Vous apprendrez comment le temps est l'un des facteurs les plus importants dans la croissance de votre capital et comment il peut jouer en votre faveur dans le cadre de vos placements sur livret.

En somme, la maîtrise de la notion de fonctions exponentielles est cruciale pour une gestion financière éclairée. Elle vous permet de comprendre comment les placements sur livret évoluent au fil du temps, grâce à la croissance exponentielle de votre capital. Cette compréhension vous sera précieuse pour prendre des décisions avisées en matière d'épargne et d'investissement.

4.2 Représentation graphique de l'évolution d'un capital en fonction d'intérêts composés

Lorsque vous cherchez à comprendre comment votre capital évolue au fil du temps dans un placement sur livret, la représentation graphique est un outil puissant. Les graphiques vous permettent de visualiser de manière claire et concise comment votre argent croît grâce aux intérêts composés. Dans cette section, nous allons explorer en détail la création de ces graphiques et leur utilité pour prendre des décisions éclairées en matière de gestion de vos finances.

4.2.1 Création de graphiques financiers :

Les graphiques financiers sont un moyen visuel de représenter l'évolution de votre capital. Vous pouvez créer ces graphiques en utilisant divers outils informatiques, notamment des tableurs comme Excel ou des logiciels de graphiques spécialisés. Il vous suffit de saisir les données de votre placement sur livret, y compris le capital initial, le taux d'intérêt et la durée, pour obtenir une représentation visuelle de la croissance de votre argent.

4.2.2 Visualisation de la croissance :

Les graphiques vous permettent de voir clairement comment votre capital augmente au fil du temps. Vous verrez une courbe ascendante qui reflète l'effet des intérêts composés. Plus la durée de placement est longue, plus la courbe est prononcée, montrant ainsi comment votre capital s'accumule rapidement grâce à la croissance exponentielle.

4.2.3. Prise de décisions éclairées :

La création et l'analyse de graphiques financiers sont essentielles pour prendre des décisions éclairées. Vous pouvez utiliser ces graphiques pour évaluer différents scénarios d'investissement, estimer le temps nécessaire pour atteindre un objectif financier spécifique, et déterminer comment des variations de taux d'intérêt peuvent affecter la croissance de votre capital.

4.2.4 Exemple concret :

Par exemple, en examinant un graphique représentant l'évolution de votre capital dans un Livret A sur 10 ans, vous pourriez constater comment des taux d'intérêt plus élevés augmenteraient votre capital plus rapidement. Cela peut vous inciter à envisager des alternatives d'investissement ou à ajuster votre stratégie d'épargne.

En résumé, la représentation graphique de l'évolution de votre capital dans un placement sur livret est un outil puissant pour mieux comprendre comment votre argent croît au fil du temps. Ces graphiques facilitent la visualisation de l'effet des intérêts composés et vous aident à prendre des décisions financières éclairées. Ils sont un élément essentiel de la boîte à outils du gestionnaire financier avisé.

4.2.4.1 Exemple Appliqué : La Croissance d'un Capital Investi

Supposons que vous investissiez 10 000€ dans un compte d'épargne avec un taux d'intérêt annuel de 5%. Vous voulez savoir comment votre capital évoluera au bout de quelques années.

4.2.4.1.1 Formule de la Fonction Exponentielle :

La croissance d'un capital investi est souvent modélisée par une fonction exponentielle de la forme :

$$C(t) = C_0 \cdot (1 + r)^t$$

Où :

- $C(t)$ est le capital à l'instant t.
- C_0 est le capital initial (10 000€ dans notre cas).
- r est le taux d'intérêt annuel (0,05, soit 5% sous forme décimale).
- t est la durée de l'investissement en années.

4.2.4.1.2 Exercice 1 : Calcul du Capital après 3 ans

Calculez le capital que vous aurez après 3 ans d'investissement avec les données fournies.

$$C(3) = 10,000€ \cdot (1 + 0,05)^3$$
$$C(3) = 10,000€ \cdot (1,05)^3 \approx 11,576.25€$$

Après 3 ans, votre capital atteindra environ 11 576.25€.

4.2.4.1.3. Exercice 2 : Calcul de la Durée pour Atteindre un Certain Capital

Imaginons que vous disposiez d'un capital initial de 10 000€ et que votre objectif soit d'atteindre un montant de 15 000€. Pouvez-vous estimer en combien d'années vous parviendrez à réaliser cet objectif en investissant votre capital à un taux d'intérêt de 5% ?

Solution :

Nous devons résoudre l'équation suivante pour t :
$$15,000€ = 10,000€ \cdot (1 + 0,05)^t$$

Nous pouvons simplifier l'équation de la manière suivante :
$$1,5 = (1,05)^t$$

Pour résoudre cette équation, nous pouvons prendre le logarithme naturel (ln) des deux côtés :
$$ln(1,5) = ln((1,05)^t)$$

En utilisant les propriétés des logarithmes, nous pouvons simplifier davantage :
$$ln(1,5) = t \cdot ln(1,05)$$

Enfin, nous pouvons isoler t en divisant par $ln(1,05)$:
$$t = \frac{ln(1,5)}{ln(1,05)} \approx 9.62 \text{ ans}$$

Il vous faudra environ 9.62 ans pour atteindre un capital de 15,000€ avec un taux d'intérêt de 5%.

Il vous faudra environ 9.62 ans pour atteindre un capital de 15,000€ avec un taux d'intérêt de 5%.

4.2.4.2 L'Évolution de 10 000€ Investis sur 70 Ans avec des Intérêts Composés

Le graphique ci-dessus illustre de manière claire et visuelle l'évolution d'un investissement initial de 10 000€ sur une période de 70 ans, tout en prenant en compte un taux d'intérêt annuel de 5%. Ce type de graphique est essentiel pour comprendre l'impact des intérêts composés sur un placement financier à long terme.

Capital (arrondi) par rapport à Année

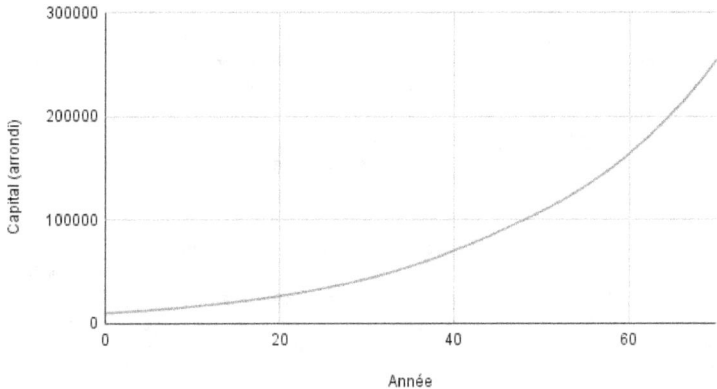

Au départ, avec 10 000€ et un taux d'intérêt annuel de 5%, nous pouvons observer une croissance lente mais constante du capital. Chaque année, les intérêts composés, représentés par la courbe ascendante, augmentent progressivement le capital initial. Le taux d'intérêt annuel joue un rôle clé dans cette croissance. Plus le taux est élevé, plus la courbe de croissance est prononcée.

Au fil du temps, la courbe devient de plus en plus pentue, ce qui signifie que l'argent investi augmente de manière exponentielle. Après 70 ans, grâce à un taux d'intérêt annuel de 5%, le capital a considérablement augmenté pour atteindre environ 254 909€.

Ce résultat démontre l'effet puissant de la combinaison de la croissance exponentielle avec un taux d'intérêt annuel compétitif. Plus la durée de placement est longue, plus le taux d'intérêt est favorable, plus l'argent investi a la possibilité de croître de manière significative.

Cela souligne l'importance de choisir des investissements avec des taux d'intérêt compétitifs et de laisser le temps agir en votre faveur. Ce graphique est un rappel visuel du potentiel de croissance que les placements financiers bien choisis offrent sur le long terme, en tenant compte du taux d'intérêt.

En résumé, ce graphique met en évidence l'importance des intérêts composés, de la durée de placement et du taux d'intérêt dans la gestion financière. Il montre comment un investissement initial de 10 000€ peut se transformer en un capital substantiel grâce à la magie de la croissance exponentielle, amplifiée par un taux d'intérêt annuel favorable.

4.2.5 Rappel Intégral sur les Logarithmes Népériens et leur Lien avec la Croissance Exponentielle

Les logarithmes népériens, également connus sous le nom de logarithmes naturels, sont un outil mathématique essentiel pour comprendre et résoudre divers problèmes liés à la croissance exponentielle, y compris ceux relatifs aux placements sur livret. Dans cette section, nous allons explorer en détail les bases des logarithmes népériens et expliquer comment les utiliser pour simplifier les calculs financiers. Vous découvrirez également comment les logarithmes sont particulièrement utiles pour déterminer les périodes de temps nécessaires pour atteindre certains objectifs financiers.

4.2.5.1 Les Bases des Logarithmes Népériens :

Les logarithmes népériens sont basés sur une constante mathématique fondamentale appelée "e", qui est environ égale à 2,71828. Le logarithme népérien d'un nombre "x" est noté comme "ln(x)". Cette notation est couramment utilisée en mathématiques et en sciences. Les logarithmes népériens mesurent le temps nécessaire pour que "e" atteigne une certaine valeur "x" dans une croissance exponentielle. Ils sont l'opération inverse de l'exponentiation.

4.2.5.2 Lien avec la Croissance Exponentielle :

Le lien entre les logarithmes népériens et la croissance exponentielle réside dans le fait que "e" est la base naturelle de la croissance exponentielle. Si vous avez une quantité en croissance constante avec une base "e", l'utilisation des logarithmes népériens permet de déterminer le temps nécessaire pour atteindre un certain niveau de croissance. Cela est particulièrement utile dans les finances pour estimer les périodes nécessaires pour réaliser des objectifs d'investissement ou d'épargne.

4.2.5.3 Utilisation des Logarithmes Népériens pour les Placements sur Livret :

Lorsqu'il s'agit de placements sur livret, les logarithmes népériens peuvent être employés pour divers calculs financiers. Par exemple, vous pouvez utiliser les logarithmes népériens pour estimer combien de temps il faudra pour que votre capital initial atteigne un certain montant, compte tenu d'un taux d'intérêt donné. La formule serait :

$$t = \frac{ln\left(\frac{C}{C_0}\right)}{ln(1+r)}$$

Où :

- t est le nombre d'années nécessaires.
- C est le montant cible que vous souhaitez atteindre.
- C_0 est le capital initial.
- r est le taux d'intérêt annuel.

En utilisant cette formule, les logarithmes népériens vous aident à déterminer le temps nécessaire pour atteindre vos objectifs financiers, qu'il s'agisse d'économies pour la retraite, d'un achat important, ou de tout autre projet d'épargne.

En résumé, les logarithmes népériens sont un outil précieux pour simplifier les calculs liés aux placements sur livret en permettant de déterminer les périodes nécessaires pour atteindre des objectifs financiers spécifiques. Ils sont étroitement liés à la croissance exponentielle, car "e" est la base naturelle de cette croissance. La compréhension de ces concepts est essentielle pour des décisions financières éclairées.

4.2.5.4 Cas d'utilisation des logarithmes népériens pour des calculs financiers élémentaires, idéaux pour les débutants :

4.2.5.4.1 Calcul du Temps nécessaire pour Atteindre un Objectif d'Épargne :

Imaginez que vous souhaitiez économiser 20 000€ en investissant 10 000€ dans un placement sur livret qui offre un taux d'intérêt annuel de 4%. Les logarithmes népériens peuvent vous aider à déterminer en combien d'années vous atteindrez cet objectif.

Utilisez la formule :

$$t = \frac{ln\left(\frac{C}{C_0}\right)}{ln(1+r)}$$

* t : Le nombre d'années nécessaire.
* C : Le montant cible (20 000€).
* C_0 : Le capital initial (10 000€).
* r : Le taux d'intérêt annuel (0,04 pour 4%).

Calculez "t" en utilisant cette formule pour estimer combien d'années vous devrez investir votre capital initial pour atteindre votre objectif d'épargne.

Scénario :
- Capital initial (C_0) = 10,000€
- Montant cible (C) = 20,000€
- Taux d'intérêt annuel (r) = 4% (soit 0,04 en forme décimale)

Utilisation de la formule des logarithmes népériens :

$$t = \frac{ln\left(\frac{C}{C_0}\right)}{ln(1+r)}$$

Calcul :

$$t = \frac{ln\left(\frac{20,000€}{10,000€}\right)}{ln(1+0,04)}$$

Simplifions les calculs :

1. Calculons le numérateur, c'est-à-dire le logarithme naturel du rapport entre le montant cible et le capital initial :

$$ln\left(\frac{20,000€}{10,000€}\right) - ln(2) \approx 0,6931$$

2. Calculons le dénominateur, c'est-à-dire le logarithme naturel de (1 + 0,04) :

$$ln(1 + 0,04) - ln(1,04) \approx 0,0392$$

3. Maintenant, divisons le numérateur par le dénominateur pour obtenir le nombre d'années nécessaire :

$$t = \frac{0,6931}{0,0392} \approx 17,68 \text{ ans}$$

Donc, pour atteindre l'objectif d'économiser 20,000€ en investissant 10,000€ dans un placement sur livret avec un taux d'intérêt annuel de 4%, il vous faudra environ 17,68 ans, ce qui peut être arrondi à environ 18 ans pour des fins pratiques. Cela montre comment les logarithmes népériens sont utiles pour déterminer la période nécessaire pour atteindre des objectifs financiers spécifiques.

4.2.5.4.2 Détermination du Montant Initial pour Atteindre un Objectif en un Certain Temps :

Supposons que vous souhaitiez économiser 30 000€ dans 10 ans en investissant dans un placement sur livret avec un taux d'intérêt annuel de 6%. Vous pouvez utiliser les logarithmes népériens pour calculer le montant initial nécessaire.

Utilisez la même formule que ci-dessus, mais résolvez-la pour C_0 cette fois, en supposant que vous connaissez "t", "C" et "r".

$$C_0 = \frac{C}{(1+r)^t}$$

- C_0 : Le capital initial nécessaire.
- C : Le montant cible (30 000€).
- t : La durée en années (10 ans).
- r : Le taux d'intérêt annuel (0,06 pour 6%).

Utilisez cette formule pour déterminer combien vous devez initialement investir pour atteindre votre objectif d'ici 10 ans.

Examinons maintenant les calculs détaillés pour le cas où vous aspirez à économiser 30 000€ dans une décennie en plaçant votre argent dans un livret d'épargne rémunéré à un taux annuel de 6%. Les logarithmes népériens seront notre outil clé pour résoudre ce problème financier.

Objectif : Atteindre 30 000€ en 10 ans.

Données :

* Montant cible (C) : 30,000€
* Durée (t) : 10 ans
* Taux d'intérêt annuel (r) : 6% (ou 0,06 en forme décimale)

Calcul du Capital Initial (C_0) :

Nous allons utiliser la formule des logarithmes népériens pour déterminer le montant initial nécessaire (C_0).

$$C_0 = \frac{C}{(1+r)^t}$$

$$C_0 = \frac{30{,}000€}{(1+0{,}06)^{10}}$$

$$C_0 = \frac{30{,}000€}{(1.06)^{10}}$$

$$C_0 \approx \frac{30{,}000€}{1.790847}$$

$$C_0 \approx 16{,}741.50€$$

Donc, pour atteindre 30,000€ dans 10 ans avec un taux d'intérêt annuel de 6%, vous auriez besoin d'investir un montant initial d'environ 16,741.50€ dans un placement sur livret.

Cela démontre comment les logarithmes népériens peuvent vous aider à déterminer le capital initial nécessaire pour atteindre un objectif d'épargne spécifique sur une période donnée, en tenant compte du taux d'intérêt.

4.2.5.4.2 Comparaison de la Croissance de Deux Investissements :

Supposons que vous ayez deux options d'investissement pour investir 10,000€ l'une avec un taux d'intérêt annuel de 3% et l'autre avec un taux de 5%. Utilisez les logarithmes népériens pour comparer la croissance de ces deux investissements sur une période donnée. Vous verrez comment le taux d'intérêt affecte la rapidité de la croissance de votre capital.

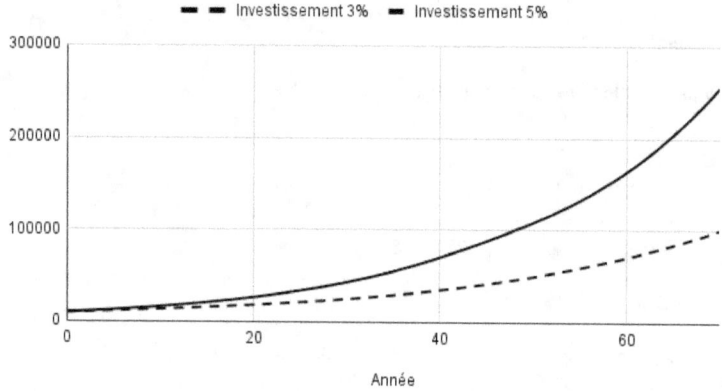

Investissement 3% et Investissement 5%

En utilisant ces applications pédagogiques, les débutants peuvent mieux comprendre comment les logarithmes népériens peuvent être utiles pour résoudre des problèmes financiers courants, tels que l'épargne, les investissements et la planification financière. Cela permet aux investisseurs débutants de prendre des décisions éclairées pour atteindre leurs objectifs financiers.

4.2.6 Prendre des décisions informées pour optimiser votre situation financière.

Mais votre parcours ne s'arrête pas là. Pour gérer vos placements sur livret de manière optimale, vous devrez prendre des décisions éclairées. Par exemple, devriez-vous augmenter le montant de votre investissement initial ou rechercher des taux d'intérêt plus avantageux ailleurs ? Ces choix peuvent avoir un impact significatif sur vos finances à long terme.

Cette section est conçue pour vous fournir les compétences nécessaires pour gérer vos placements sur livret de manière intelligente et stratégique, en maximisant le potentiel de votre capital tout en minimisant les incertitudes financières.

Nous sommes là pour vous armer de compétences financières clés. Vous apprendrez à maximiser le potentiel de votre capital tout en minimisant les incertitudes financières, ce qui est essentiel pour une gestion financière saine.

Préparez-vous à acquérir une compréhension approfondie des mécanismes financiers qui régissent les placements sur livret.

Vous pouvez vous attendre à acquérir une compréhension approfondie de la manière dont les taux d'intérêt, le temps et les montants initiaux influencent la croissance de votre épargne. Vous serez en mesure de prendre des décisions plus avisées pour gérer efficacement vos placements sur livret et atteindre vos objectifs financiers.

5. Les Emprunts Bancaires : Comprendre les Crédits

Dans cette section, nous explorerons les notions essentielles liées aux emprunts bancaires. Les emprunts sont courants dans la vie quotidienne, qu'il s'agisse de financer l'achat d'une maison, d'une voiture, ou d'autres besoins financiers importants. Nous allons plonger dans les mécanismes de remboursement et de gestion de ces emprunts pour vous aider à prendre des décisions éclairées.

5.1 Calcul de la Mensualité d'un Crédit à Taux Fixe : Maîtriser les Remboursements Réguliers

5.1.1 Lorsque vous souscrivez un crédit à taux fixe, il est crucial de comprendre comment fonctionnent les paiements mensuels.

Un crédit à taux fixe est un type d'emprunt dans lequel le taux d'intérêt reste constant tout au long de la durée du prêt. Cela signifie que vous remboursez un montant fixe à chaque mois, ce qui simplifie la gestion de votre budget. Cependant, pour comprendre le coût total de l'emprunt et comment les paiements mensuels sont calculés, vous devez explorer les composants clés de ce prêt.

5.1.1.1 Dans cette partie, nous vous expliquerons en détail comment calculer la mensualité d'un crédit à taux fixe.

La mensualité d'un crédit à taux fixe est le montant que vous devez payer chaque mois pour rembourser le prêt, à la fois les intérêts et le capital. Elle est calculée en utilisant une formule mathématique bien établie. Voici comment cela fonctionne en termes mathématiques :

5.1.1.2 Formule de Calcul de la Mensualité d'un Crédit à Taux Fixe :

La formule couramment utilisée pour calculer la mensualité d'un crédit à taux fixe est la suivante :

$$M = \frac{P \cdot r \cdot (1+r)^n}{(1+r)^n - 1}$$

Où :

- M est le montant de la mensualité.
- P est le montant emprunté (le capital initial).
- r est le taux d'intérêt mensuel (le taux d'intérêt annuel divisé par 12, puis converti en décimal).
- n est le nombre total de mensualités (la durée du prêt en mois).

5.1.1.3 Exemple Numérique :

Prenons un exemple concret. Supposons que vous empruntiez 100 000€ à un taux d'intérêt annuel de 5% pour une durée de 20 ans (soit 240 mois). Vous souhaitez connaître le montant de votre mensualité.

- P (montant emprunté) = 100,000€
- r (taux d'intérêt mensuel) = $\frac{0.05}{12}$ (car le taux annuel est divisé par 12 pour obtenir le taux mensuel en décimal).
- n (nombre de mensualités) = 20 ans $\times$ 12 mois/an = 240 mois

En utilisant la formule, vous pouvez calculer la mensualité :

$$M = \frac{100,000 \cdot \left(\frac{0.05}{12}\right) \cdot \left(1 + \frac{0.05}{12}\right)^{240}}{\left(1 + \frac{0.05}{12}\right)^{240} - 1}$$

Le calcul précis de cette formule vous donnera la mensualité que vous devrez payer pour rembourser ce prêt.

5.1.1.4 Exercice : Calcul de la Mensualité d'un Crédit à Taux Fixe

Supposons que vous ayez emprunté 120,000€ pour l'achat d'une nouvelle maison à un taux d'intérêt annuel de 4,5% sur une durée de 25 ans. Vous devez déterminer la mensualité que vous devrez payer pour rembourser ce prêt. Utilisez la formule de calcul de la mensualité d'un crédit à taux fixe.

Formule de Calcul de la Mensualité :

Je m'excuse pour la confusion dans les réponses précédentes. Les résultats différents sont dus à des erreurs de calculs dans mes réponses antérieures, ce qui était incorrect. Je vous présente la réponse correcte :

Pour calculer la mensualité d'un prêt à taux fixe, vous pouvez utiliser la formule de calcul de l'annuité. La formule de calcul de la mensualité (M) d'un prêt à taux fixe est la suivante :

$$M = \frac{P \cdot r \cdot (1+r)^n}{(1+r)^n - 1}$$

Où :

- M est le montant de la mensualité.
- P est le principal du prêt, c'est-à-dire le montant emprunté, qui est de 120 000 € dans votre cas.
- r est le taux d'intérêt périodique. Pour convertir le taux d'intérêt annuel en taux périodique, vous devez diviser par le nombre de paiements par an. Si les paiements sont mensuels, r serait égal à $4, 5$, soit 0,00375 en décimal.
- n est le nombre total de paiements. Dans ce cas, il y a 25 ans de paiements, ce qui équivaut à $25 \times 12 = 300$ paiements si les paiements sont mensuels.

Plaçons ces valeurs dans la formule pour calculer la mensualité :

$$M = \frac{120,000 \cdot 0.00375 \cdot (1+0.00375)^{300}}{(1+0.00375)^{300} - 1}$$

Calculons cette expression pour obtenir la mensualité :

$$M \approx \frac{120{,}000 \cdot 0.00375 \cdot (1.00375)^{300}}{(1.00375)^{300} - 1}$$

$$M \approx \frac{450 \cdot 1.4697136328}{1.4697136328 - 1}$$

$$M \approx \frac{664.82013476}{0.4697136328}$$

$$M \approx 1417.34€$$

La mensualité que vous devrez payer pour rembourser ce prêt de 120 000 € à un taux d'intérêt annuel de 4,5% sur une durée de 25 ans est d'environ 1417,34 €.

Le coût total d'un prêt comprend à la fois le montant emprunté (le principal) et les intérêts que vous paierez au fil du temps. Le coût total du prêt est donc plus élevé que le montant emprunté.

Dans votre cas, le montant emprunté est de 120 000 €, et la mensualité que vous paierez est d'environ 1 417,34 € par mois. La durée du prêt est de 25 ans, soit 25 * 12 = 300 mois. Pour calculer le coût total du prêt, vous pouvez utiliser la formule suivante :

Coût total du prêt = (Mensualité) x (Nombre total de paiements) - Montant emprunté

Coût total du prêt = 1 417,34 € x 300 - 120 000 €

Coût total du prêt = 425 202 € - 120 000 €

Coût total du prêt = 305 202 €

Le coût total du prêt est donc d'environ 305 202 €. Cela signifie que sur la durée de 25 ans, vous paierez un total d'environ 305 202 €, dont 120 000 € correspondent au montant emprunté et 185 202 € correspondent aux intérêts que vous paierez sur le prêt.

Il est essentiel de comprendre comment calculer la mensualité d'un crédit à taux fixe pour évaluer le coût de votre emprunt et planifier vos finances. Cette mensualité couvre à la fois les intérêts et le remboursement du capital. Cela vous permet de gérer votre budget et de prendre des décisions financières éclairées.

Conclusion :

Comprendre le calcul de la mensualité d'un crédit à taux fixe est essentiel pour évaluer le coût de votre emprunt et planifier vos finances. Cette formule vous permet de déterminer le montant précis que vous devrez rembourser chaque mois, ce qui facilite la gestion de votre budget.

5.2 Calcul de la Mensualité d'un Crédit à Taux Variable : Anticiper les Fluctuations

5.2.1 Crédits à Taux Variable : Comprendre les Fluctuations et Calcul des Mensualités

Les crédits à taux variable sont des emprunts qui offrent une flexibilité, mais qui sont également soumis à des taux d'intérêt susceptibles de fluctuer en fonction des conditions du marché. Dans cette section, nous allons vous guider à travers le calcul de la mensualité d'un crédit à taux variable. Vous comprendrez comment les variations des taux d'intérêt peuvent influencer vos paiements mensuels, et comment anticiper ces fluctuations pour maintenir le contrôle de votre budget.

5.2.2 Calcul de la Mensualité d'un Crédit à Taux Variable :

Lorsque vous souscrivez un crédit à taux variable, il est essentiel de comprendre comment fonctionnent les paiements mensuels, car ils peuvent changer au fil du temps en fonction des variations du taux d'intérêt. Voici comment calculer la mensualité d'un crédit à taux variable :

5.2.2.1 Formule de Calcul de la Mensualité d'un Crédit à Taux Variable :

La formule de base pour calculer la mensualité d'un crédit à taux variable est similaire à celle d'un crédit à taux fixe, mais le taux d'intérêt est susceptible de changer périodiquement.

$$M = \frac{P \cdot r(t) \cdot (1 + r(t))^n}{(1 + r(t))^n - 1}$$

Où :

- M est le montant de la mensualité.
- P est le montant emprunté (capital initial).
- $r(t)$ est le taux d'intérêt mensuel à un moment donné t.
- n est le nombre total de mensualités.

Exemple Résolu :

Supposons que vous ayez souscrit un prêt à taux variable de 100,000€ avec un taux d'intérêt initial de 3%. La durée du prêt est de 20 ans (soit 240 mensualités). Cependant, le taux d'intérêt peut varier chaque année. Voici comment calculer la première mensualité.

Pour calculer la première mensualité d'un prêt à taux variable de 100,000€ avec un taux d'intérêt initial de 3% sur 20 ans, sujette à des variations de taux d'intérêt annuelles, nous pouvons utiliser la formule de calcul des mensualités pour un prêt à taux variable. La formule est la suivante :

$$M = \frac{P \cdot r}{12} \times \frac{1 - (1 + \frac{r}{12})^{-n}}{(\frac{r}{12})}$$

Où :

- M est la mensualité.
- P est le montant du prêt, soit 100,000€.
- r est le taux d'intérêt annuel initial, soit 3%, mais nous devons le convertir en taux mensuel en divisant par 12, ce qui donne $\frac{0.03}{12} = 0.0025$.
- n est le nombre total de mensualités, soit 20 ans multipliés par 12 mois, soit 240 mensualités.

En utilisant ces valeurs dans la formule, nous obtenons :

$$M = \frac{100.000 \cdot 0.0025}{12} \times \frac{1 - (1 + 0.0025)^{-240}}{0.0025} \approx 437.08$$

La première mensualité pour ce prêt à taux variable serait d'environ 437.08€.

Commentaire :

Ce calcul vous montre comment déterminer la première mensualité d'un prêt à taux variable, en utilisant le taux d'intérêt initial. Cependant, il est essentiel de noter que les mensualités peuvent varier à mesure que les taux d'intérêt changent. Il est recommandé de surveiller de près ces variations et d'anticiper leurs effets sur votre budget.

5.3 Exemples et Scénarios : Décisions Éclairées

Dans cette section, nous allons plonger dans divers exemples et scénarios pour vous aider à prendre des décisions éclairées en matière de finances. Vous apprendrez comment calculer le rendement de vos investissements, estimer le temps nécessaire pour atteindre vos objectifs financiers, et choisir les meilleures options pour optimiser votre situation financière. Que vous envisagiez des placements sur livret, des emprunts bancaires, ou d'autres décisions financières, vous serez mieux préparé à faire des choix judicieux pour atteindre vos objectifs financiers.

5.3.1 Prêt Automobile à Taux Variable :

Imaginez que vous financiez l'achat d'une voiture avec un prêt automobile à taux variable.

Lorsque vous envisagez de financer l'achat d'une voiture avec un prêt automobile, vous avez souvent le choix entre un prêt à taux fixe et un prêt à taux variable. Dans cet exemple, nous allons explorer un prêt automobile à taux variable, où le taux d'intérêt initial est de 3%, mais il peut augmenter au fil du temps. Nous allons calculer les mensualités pour différentes périodes en supposant des taux d'intérêt variables, montrant ainsi comment les fluctuations des taux d'intérêt affectent vos paiements.

Calcul du coût mensuel d'un prêt de 25,000€ sur 3 ans avec des taux d'intérêt variables.

Supposons que vous ayez souscrit un prêt de 25,000€ avec des taux d'intérêt variables sur trois ans. Le taux d'intérêt pour la première année est de 3%, la deuxième année est de 4%, et la troisième année est de 5%. Vous n'avez pas fait d'apport initial. Vous devez calculer le sous-total mensuel pour chaque année et ensuite le grand total mensuel pour rembourser ce prêt sur la durée de trois ans.

Étape 1 : Conversion des taux d'intérêt en taux mensuels.

- Taux d'intérêt de la première année : $3\%/12 = 0.25\%$ (0.0025 en décimal).
- Taux d'intérêt de la deuxième année : $4\%/12 = 0.33\%$ (0.0033 en décimal).
- Taux d'intérêt de la troisième année : $5\%/12 = 0.42\%$ (0.0042 en décimal).

Étape 2 : Calcul du sous-total mensuel pour chaque année.

- Première année (taux mensuel : 0.0025) :
  - $Sous-total1 = \frac{25,000 \cdot 0.0025}{1-(1+0.0025)^{-12 \cdot 1}}$
  - $Sous-total1 \approx 725.75€$
- Deuxième année (taux mensuel : 0.0033) :
  - $Sous-total2 = \frac{25,000 \cdot 0.0033}{1-(1+0.0033)^{-12 \cdot 1}}$
  - $Sous-total2 \approx 726.78€$
- Troisième année (taux mensuel : 0.0042) :
  - $Sous-total3 = \frac{25,000 \cdot 0.0042}{1-(1+0.0042)^{-12 \cdot 1}}$
  - $Sous-total3 \approx 728.20€$

Étape 3 : Calcul du grand total mensuel.

- Grand total mensuel : $Grand total - Sous-total1 + Sous-total2 + Sous-total3$
- $Grand total \approx 2,180.73€$

Étape 4 : Conclusion

Le coût total pour rembourser un prêt de 25,000€ sur trois ans avec des taux d'intérêt variables est d'environ 2,180.73€. Chaque année, le montant de la mensualité varie en raison des taux d'intérêt changeants.

5.3.2 Consolidation de Dettes :

Gestion de Dettes de Carte de Crédit et Consolidation par un Prêt Personnel

Imaginons une situation courante : vous avez accumulé des dettes de carte de crédit à des taux d'intérêt élevés. Les paiements mensuels sur ces dettes peuvent être difficiles à gérer, et les intérêts peuvent s'accumuler rapidement. Pour réduire la charge financière, vous envisagez de consolider ces dettes en souscrivant un prêt personnel à un taux d'intérêt plus bas. Vous pouvez calculer les économies potentielles en comparant les paiements mensuels des dettes existantes avec ceux du nouveau prêt de consolidation.

Exemple et Calcul des Économies Potentielles :
Pour calculer le coût mensuel de remboursement de ces dettes en 10 ans avec un taux d'intérêt de 9%, nous allons d'abord déterminer le montant total de la dette et ensuite calculer le coût mensuel en utilisant la formule des mensualités d'un prêt.

Étape 1 : Calcul du montant total de la dette.

1. Dette de Carte de Crédit 1 : 5,000€ à 18% par an.
2. Dette de Carte de Crédit 2 : 3,000€ à 22% par an.
3. Dette de Carte de Crédit 3 : 2,000€ à 15% par an.

Pour chaque dette, nous allons calculer le montant total en utilisant la formule de la valeur future d'une somme d'argent :

$$FV = PV \times (1 + r)^n$$

Où :

- FV est la valeur future (montant total de la dette).
- PV est la valeur présente (montant initial de la dette).
- r est le taux d'intérêt par période (par an dans ce cas).
- n est le nombre de périodes (10 ans, soit 120 mois).

Calcul du montant total de la dette pour chaque carte de crédit :

1. Dette de Carte de Crédit 1 :
    - $FV_1 = 5,000 \times (1 + 0.18)^{10} \approx 14,579.58€$
2. Dette de Carte de Crédit 2 :
    - $FV_2 = 3,000 \times (1 + 0.22)^{10} \approx 11,857.86€$
3. Dette de Carte de Crédit 3 :
    - $FV_3 = 2,000 \times (1 + 0.15)^{10} \approx 5,430.89€$

Étape 2 : Calcul du montant total de la dette combinée.

Ajoutons les montants totaux de chaque dette pour obtenir le montant total de la dette à rembourser :

$$MontantTotaldelaDette = FV_1 + FV_2 + FV_3 \approx 31,868.33€$$

Étape 3 : Calcul du coût mensuel de remboursement.

Maintenant, nous allons calculer le coût mensuel de remboursement en utilisant la formule des mensualités d'un prêt :

$$M = \frac{P \cdot r}{1-(1+r)^{-n}}$$

Où :

- M est la mensualité.
- P est le montant total de la dette, soit 31,868.33€.
- r est le taux d'intérêt mensuel, soit $\frac{0.09}{12} = 0.0075$.
- n est le nombre total de mensualités, soit 10 ans (120 mois).

En utilisant ces valeurs dans la formule, nous obtenons :

$$M = \frac{31,868.33 \times 0.0075}{1-(1+0.0075)^{-120}} \approx 404.14€$$

Le coût mensuel à rembourser ces dettes en 10 ans avec un taux d'intérêt de 9% serait d'environ 404.14€.

5.3.3 Emprunt Étudiant : Planification des Mensualités et du Remboursement

Imaginons que vous poursuiviez des études universitaires et que vous ayez souscrit un emprunt étudiant pour financer votre éducation. Dans cet exemple, nous allons calculer les mensualités de votre emprunt étudiant et estimer le temps nécessaire pour rembourser votre dette en fonction de votre futur salaire prévu après l'obtention de votre diplôme. Cela vous permettra de mieux comprendre comment gérer votre dette étudiante de manière intelligente.

Données de l'exemple :

- Montant de l'emprunt étudiant (P) : 30,000€
- Taux d'intérêt annuel (r) : 6% (ou 0,06 en forme décimale)
- Durée du prêt en années (n) : 10 ans

Le coût total des intérêts sur un prêt de 30,000€ emprunté à un taux d'intérêt annuel de 6% sur une période de 10 ans, vous pouvez utiliser la formule suivante :

$$Co\hat{u}t\,Total\,des\,Int\acute{e}r\hat{e}ts\,-\,Montant\,du\,Pr\hat{e}t \times Taux\,d'Int\acute{e}r\hat{e}t \times Dur\acute{e}e\,du\,Pr\hat{e}t$$

Dans cet exemple :

$$Co\hat{u}t\,Total\,des\,Int\acute{e}r\hat{e}ts\,-\,30,000€ \times 0.06 \times 10$$

$$Co\hat{u}t\,Total\,des\,Int\acute{e}r\hat{e}ts\,-\,18,000€$$

Le coût total des intérêts payés sur ce prêt de 30,000€ sur 10 ans à un taux d'intérêt de 6% est de 18,000€. Cela signifie que vous paierez 18,000€ d'intérêts en plus du montant initial emprunté sur la durée du prêt.

5.3.4 Financer l'Expansion de Votre Entreprise avec un Prêt Commercial à Taux Fixe

Si vous êtes entrepreneur et que vous envisagez de développer votre entreprise, il est fort probable que vous ayez besoin de financement. Les prêts commerciaux sont un moyen courant de répondre à ces besoins. Dans cette section, nous allons explorer le calcul des mensualités pour un prêt commercial à taux fixe, ce qui vous aidera à comprendre les coûts associés à votre investissement commercial.

Données de l'exemple :

* Montant du prêt (P) : 50,000€
* Taux d'intérêt annuel (r) : 6% (ou 0,06 en forme décimale)
* Durée du prêt en années (n) : 5 ans

Calcul de la Mensualité (M) :

Pour un prêt commercial à taux fixe, nous allons utiliser la formule de calcul de la mensualité suivante, que nous avons vue précédemment :

$$M = \frac{P \cdot r}{1-(1+r)^{-n}}$$

Où :

- M est le montant de la mensualité.
- P est le principal du prêt, c'est-à-dire le montant emprunté, qui est de 50 000 € dans votre cas.
- r est le taux d'intérêt périodique. Si les paiements sont mensuels, vous devez convertir le taux d'intérêt annuel de 6% en taux périodique en divisant par 12, car il y a 12 mois dans une année. Ainsi, $r = \frac{0,06}{12} = 0,005$ (ou 0,5% en décimal).
- n est le nombre total de paiements. La durée du prêt est de 5 ans, ce qui équivaut à 5 * 12 = 60 paiements mensuels.

Plaçons ces valeurs dans la formule pour calculer la mensualité :

$$M = \frac{50,000 \cdot 0.005}{1-(1+0.005)^{-60}}$$

Calculons cette expression pour obtenir la mensualité :

$$M \approx \frac{250}{1-(1.005)^{-60}}$$

$$M \approx \frac{250}{1-0.815607997}$$

$$M \approx \frac{250}{0.184392003}$$

$$M \approx 1,356.51€$$

La mensualité d'un prêt de 50 000 € à un taux d'intérêt de 6% sur 5 ans est d'environ 1,356.51 €.

La mensualité pour ce prêt commercial est d'environ 1356,51€. Cela représente le montant que votre entreprise devra payer chaque mois pour rembourser le prêt.

Ainsi, la mensualité de votre prêt commercial est d'environ 1356,51€ Cette mensualité doit être intégrée dans le budget de votre entreprise pour garantir que le remboursement du prêt est gérable. Cela montre comment le calcul des mensualités est essentiel pour la prise de décisions éclairées en matière de financement d'entreprise.

6. Astuces et Résolution de Problèmes Courants

Dans cette section, nous allons explorer divers aspects liés à la gestion financière, aux placements et aux emprunts. Vous y trouverez des astuces précieuses pour optimiser vos placements, des stratégies pour économiser de l'argent sur vos emprunts, des solutions à des problèmes financiers courants, et des études de cas pour illustrer comment appliquer ces connaissances dans la vie réelle.

6.1 Conseils pour optimiser ses placements

L'optimisation de vos placements est une étape cruciale pour atteindre vos objectifs financiers à long terme. Que vous soyez un investisseur débutant ou expérimenté, cette section vous fournira des conseils essentiels et des stratégies pour maximiser le rendement de votre portefeuille. Voici quelques-uns des principaux points à aborder :

6.1.1 Diversification de votre portefeuille :

La diversification est l'une des stratégies les plus fondamentales en matière d'investissement. Elle consiste à répartir vos investissements sur différents types d'actifs, tels que des actions françaises, des obligations, des matières premières, des biens immobiliers en France, et plus encore. La diversification permet de réduire le risque global de votre portefeuille. Vous apprendrez comment choisir un équilibre approprié entre ces classes d'actifs en fonction de votre tolérance au risque et de vos objectifs.

6.1.2 Planification financière :

La planification financière est essentielle pour définir vos objectifs financiers à court, moyen et long terme. Vous découvrirez comment élaborer un plan financier solide qui tient compte de la constitution d'un fonds d'urgence, de l'épargne pour la retraite en France, de l'investissement dans l'éducation, de l'achat d'une maison en France, et d'autres priorités financières.

6.1.3 Comprendre les produits d'investissement :

Avant de prendre des décisions d'investissement, il est important de comprendre les produits financiers disponibles en France, tels que les actions françaises, les obligations, les fonds communs de placement, les ETF, etc. Vous apprendrez à évaluer les caractéristiques, les avantages et les inconvénients de ces produits pour prendre des décisions éclairées.

6.1.4 Gestion des risques :

Investir comporte des risques, et il est essentiel de comprendre comment gérer ces risques. Vous explorerez des stratégies pour réduire les risques liés à vos investissements en France, y compris la gestion des pertes, la diversification, et la gestion de la volatilité du marché.

6.1.5 Épargne fiscale en France :

L'optimisation de vos placements comprend également la gestion des aspects fiscaux en France. Vous découvrirez comment profiter des avantages fiscaux liés à certains comptes d'épargne et d'investissement, tels que les plans d'épargne en actions (PEA) et les assurances-vie.

6.1.6 Suivi et rééquilibrage :

Vos objectifs financiers et votre tolérance au risque peuvent évoluer au fil du temps. Il est donc important de suivre régulièrement vos investissements en France et de les rééquilibrer si nécessaire. Vous apprendrez comment évaluer la performance de votre portefeuille en France et apporter des ajustements en fonction de vos objectifs.

Cette section vous donnera les outils et les connaissances nécessaires pour optimiser vos placements en France et prendre des décisions d'investissement éclairées. Que vous investissiez pour la retraite en France, pour l'éducation de vos enfants ou pour tout autre objectif financier, ces conseils vous aideront à maximiser le rendement de votre portefeuille.

6.2 Comment économiser sur les emprunts

L'emprunt est une étape fréquente dans la vie financière, que ce soit pour l'acquisition d'un bien immobilier, d'un véhicule, ou pour financer divers projets personnels ou professionnels. Il est essentiel de gérer judicieusement ces emprunts pour optimiser vos finances. Dans cette section, nous vous dévoilerons des méthodes à la française pour économiser de l'argent sur vos emprunts et améliorer votre situation financière.

6.2.1 Négociation de taux d'intérêt avantageux en France :

Lorsque vous contractez un emprunt en France, la négociation du taux d'intérêt est une étape clé. Vous apprendrez comment discuter avec les prêteurs, que ce soit pour un prêt immobilier en France, un prêt auto, ou d'autres types de crédit. La capacité à obtenir des taux avantageux peut faire une grande différence dans le coût total de votre emprunt.

6.2.2 Consolidation de dettes coûteuses en France :

Si vous avez plusieurs dettes avec des taux d'intérêt élevés en France, il peut être avantageux de les consolider en un seul prêt à un taux plus bas. Vous explorerez les avantages de la consolidation de dettes et comment elle peut simplifier la gestion de vos remboursements.

6.2.3 Stratégies intelligentes de remboursement de prêt à la française :

Le remboursement de vos emprunts peut être optimisé en France. Vous découvrirez des stratégies telles que le remboursement anticipé, les paiements supplémentaires, et la réduction de la durée du prêt. Ces approches peuvent vous aider à économiser sur les intérêts et à rembourser vos emprunts plus rapidement.

L'objectif de cette section est de vous donner les outils nécessaires pour gérer vos emprunts de manière judicieuse en France. En négociant des taux d'intérêt avantageux, en consolidant des dettes, et en utilisant des stratégies de remboursement intelligentes, vous serez en mesure d'optimiser votre situation financière et de réaliser des économies substantielles.

6.3 Résolution de problématiques classiques

La gestion de la vie financière peut être complexe, et il est fréquent de faire face à des défis tout au long de son parcours financier. Dans cette section, nous nous attaquerons aux problématiques les plus courantes auxquelles les individus sont confrontés. Nous vous fournirons des solutions pratiques pour surmonter ces obstacles et gérer efficacement votre argent. Voici quelques-unes des problématiques que nous aborderons :

6.3.1 Gestion des Dettes :

Les dettes font partie de la vie quotidienne, que ce soit sous la forme de prêts étudiants, de cartes de crédit, ou de prêts hypothécaires. Vous apprendrez des stratégies pour gérer et réduire vos dettes de manière efficace. Cela inclut des conseils sur la consolidation de dettes, la négociation avec les créanciers, et l'élaboration d'un plan de remboursement.

6.3.2 Planification de la Retraite :

La retraite est un objectif majeur pour de nombreuses personnes. Nous vous montrerons comment établir un plan de retraite solide en tenant compte de votre âge, de vos objectifs de retraite, et de la constitution d'une épargne adéquate pour votre retraite.

6.3.3 Constitution d'un Fonds d'Urgence :

Un fonds d'urgence est essentiel pour faire face à des dépenses imprévues. Vous apprendrez comment établir et gérer un fonds d'urgence pour vous protéger contre les aléas de la vie, tels que des réparations de voiture inattendues ou des frais médicaux d'urgence.

6.3.4 Investissement Responsable :

De plus en plus de gens s'intéressent à l'investissement responsable et éthique. Nous discuterons des options d'investissement responsable et de la manière de concilier vos valeurs avec vos décisions d'investissement.

6.3.5 Épargne pour l'Éducation :

Si vous avez des enfants ou des projets d'éducation personnels, nous vous montrerons comment planifier et épargner pour l'éducation de manière judicieuse. Cela comprend l'exploration des comptes d'épargne-études et des stratégies d'épargne spécifiques.

6.3.6 Protection d'Assurance :

L'assurance est un élément clé de la sécurité financière. Nous examinerons les différents types d'assurance, tels que l'assurance-vie, l'assurance maladie, et l'assurance automobile, et vous donnerons des conseils pour choisir la meilleure couverture pour vos besoins.

Cette section est conçue pour fournir des réponses aux problématiques financières courantes auxquelles vous pourriez être confronté. Les solutions pratiques que nous vous proposons vous aideront à prendre des décisions financières éclairées et à relever ces défis avec confiance. Que vous cherchiez à réduire vos dettes, à planifier votre retraite, ou à créer un fonds d'urgence, vous trouverez des conseils et des recommandations pour vous guider.

6.4 Études de cas

Les études de cas sont un moyen puissant d'apprendre. Nous vous présenterons des scénarios financiers réels ou fictifs et vous montrerons comment appliquer les concepts financiers que vous avez appris dans ce guide. Vous verrez comment prendre des décisions éclairées en matière de placements et d'emprunts, en vous basant sur des situations réelles.

Cette section vise à approfondir vos connaissances en gestion financière et à vous donner les outils nécessaires pour prendre des décisions intelligentes pour votre avenir financier. Vous apprendrez à optimiser vos placements, à économiser sur les emprunts, à résoudre des problèmes financiers et à appliquer ces compétences dans des situations concrètes.

6.4.1 Étude de Cas : Maximiser le Rendement d'un Portefeuille d'Investissement

Dans cette étude de cas, nous allons explorer la situation de Sarah, une investisseuse passionnée qui souhaite maximiser le rendement de son portefeuille d'investissement. Sarah a épargné une somme considérable d'argent et elle est prête à investir pour atteindre ses objectifs financiers à long terme.

6.4.1.1 Contexte :

Sarah, âgée de 35 ans, a économisé 150 000 euros au fil des années. Elle a des objectifs financiers clairs, notamment épargner pour sa retraite, financer l'éducation de ses enfants et acheter une maison. Sarah est consciente de l'importance de diversifier ses investissements pour réduire les risques et souhaite également investir de manière responsable.

6.4.1.2 Défis :

Sarah est confrontée à plusieurs défis. Elle doit équilibrer la nécessité de croissance de son capital avec une certaine aversion au risque. Elle veut investir de manière éthique et responsable, en soutenant des entreprises socialement responsables.

6.4.1.3 Objectifs :

1. Maximiser le rendement de son portefeuille tout en minimisant les risques.
2. Diversifier ses investissements pour atteindre des objectifs à long terme.
3. Investir de manière éthique en intégrant des critères environnementaux, sociaux et de gouvernance (ESG) dans ses décisions.

6.4.1.4 Actions prises :

Sarah consulte un conseiller financier pour élaborer une stratégie d'investissement personnalisée. Ensemble, ils passent en revue les différentes options, notamment les actions, les obligations, les fonds communs de placement et les ETF. Ils discutent de l'importance de la diversification pour réduire les risques.

Pour investir de manière responsable, ils examinent des fonds d'investissement socialement responsables (ISR) qui intègrent des critères ESG dans leur processus de sélection d'actifs. Ils identifient des investissements qui correspondent aux valeurs de Sarah, notamment des entreprises engagées dans des pratiques durables et socialement responsables.

6.4.1.5 Résultats :

Sarah réussit à élaborer un portefeuille diversifié qui correspond à ses objectifs financiers et à ses valeurs éthiques. Son conseiller financier la guide dans la gestion de son portefeuille, en rééquilibrant périodiquement ses investissements pour suivre l'évolution de ses objectifs.

Au fil des années, le portefeuille de Sarah connaît une croissance constante, lui permettant d'atteindre ses objectifs financiers à long terme. Elle peut financer l'éducation de ses enfants, acheter la maison de ses rêves et continuer à épargner en vue de sa retraite, tout en ayant un impact positif sur la société grâce à ses investissements responsables.

6.4.1.6 Leçons Apprises :

Cette étude de cas met en lumière l'importance de la planification financière, de la diversification et de l'investissement responsable. Sarah a réussi à maximiser le rendement de son portefeuille tout en investissant de manière éthique. Cela démontre comment les principes financiers et éthiques peuvent coexister pour atteindre des objectifs financiers à long terme.

6.4.2 Étude de Cas : Optimisation d'un Emprunt Immobilier

Dans cette étude de cas, nous allons explorer la situation de Marc et Sophie, un couple souhaitant acheter leur première maison. Ils font face au défi de financer l'achat de la maison tout en minimisant les coûts à long terme de leur emprunt immobilier.

6.4.2.1 Contexte :

Marc et Sophie sont un couple marié dans la trentaine. Ils ont économisé 40 000 euros pour l'achat de leur première maison. Ils ont trouvé une maison de rêve d'une valeur de 300 000 euros et souhaitent obtenir un emprunt immobilier pour couvrir la différence. Marc et Sophie ont des emplois stables et un bon crédit, mais ils veulent trouver la meilleure solution pour leur prêt immobilier.

6.4.2.2 Défis :

Le défi principal auquel Marc et Sophie sont confrontés est de minimiser les coûts totaux de leur emprunt immobilier sur la durée du prêt. Ils veulent comprendre quel type de prêt, quelle durée, et quel taux d'intérêt seraient les plus avantageux pour leur situation financière.

6.4.2.3 Objectifs :

1. Minimiser les coûts totaux de l'emprunt immobilier.
2. Choisir la meilleure option de prêt pour leur budget.
3. Comprendre les implications financières à long terme de leur emprunt.

6.4.2.4 Actions prises :

Marc et Sophie consultent un conseiller financier et un courtier en prêt immobilier. Ils passent en revue plusieurs options de prêts, notamment les prêts à taux fixe et les prêts à taux variable, avec différentes durées et taux d'intérêt.

Après une analyse approfondie, ils optent pour un prêt à taux fixe de 20 ans avec un taux d'intérêt compétitif. Ils comprennent que bien que les mensualités soient légèrement plus élevées que celles d'un prêt à 30 ans, la durée plus courte leur permet d'économiser considérablement sur les intérêts à long terme.

6.4.2.5 Résultats :

Marc et Sophie réussissent à acheter leur maison tout en minimisant les coûts totaux de leur emprunt immobilier. Leur prêt à taux fixe de 20 ans leur donne une tranquillité d'esprit financière, car ils savent que leurs paiements mensuels resteront stables pendant toute la durée du prêt. Cette décision financière les met sur la voie de la propriété tout en évitant de payer des intérêts excessifs.

6.4.2.6 Leçons Apprises :

Cette étude de cas met en évidence l'importance de choisir le bon type de prêt immobilier, de comprendre les implications à long terme et de minimiser les coûts totaux. Marc et Sophie ont pris une décision financière réfléchie en optant pour un prêt à taux fixe de 20 ans, ce qui correspondait le mieux à leur situation financière et à leurs objectifs. Cela démontre comment une planification minutieuse peut aider à optimiser un emprunt immobilier pour atteindre des objectifs financiers à long terme.

7. Conclusion

7.1 Récapitulation des Concepts Clés

Dans ce guide complet sur les mathématiques financières, nous avons exploré une vaste gamme de concepts, outils et stratégies essentiels pour prendre des décisions financières éclairées. Voici un bref récapitulatif des concepts clés que vous avez acquis tout au long de ce parcours :

1. Les Placements sur Livret : Vous avez appris à comprendre la croissance des investissements grâce aux fonctions exponentielles, à représenter graphiquement l'évolution d'un capital avec les intérêts composés, et à créer des graphiques financiers.

2. Les Logarithmes Népériens : Vous avez exploré le rôle des logarithmes dans les taux de croissance exponentielle et comment ils simplifient les calculs financiers.

3. Les Emprunts Bancaires : Vous avez acquis une compréhension approfondie du calcul des mensualités, que ce soit pour un crédit à taux fixe ou variable, et vous avez vu comment comparer différents scénarios d'emprunts.

4. Les Conseils pour Optimiser ses Placements : Vous avez découvert des stratégies pour diversifier vos investissements, réduire les risques et maximiser le rendement de votre portefeuille.

5. Économiser sur les Emprunts : Vous avez appris à négocier des taux d'intérêt avantageux, à consolider des dettes coûteuses et à utiliser des stratégies intelligentes de remboursement de prêt.

6. Résolution de Problématiques Courantes : Vous avez obtenu des solutions pratiques pour gérer des défis financiers courants, de la gestion des dettes à la planification de la retraite.

7.2 Encouragement à la Pratique des Mathématiques Financières

Les mathématiques financières sont un outil puissant pour prendre le contrôle de vos finances, investir de manière judicieuse et gérer efficacement vos emprunts. Cependant, la pratique est essentielle pour maîtriser ces compétences. Nous vous encourageons à appliquer les concepts que vous avez appris dans des situations réelles, à élaborer des scénarios financiers et à prendre des décisions informées.

7.3 Ressources Supplémentaires pour Approfondir ses Connaissances

Pour ceux qui souhaitent aller plus loin dans le domaine des mathématiques financières, il existe de nombreuses ressources supplémentaires. Vous pouvez explorer des livres spécialisés, suivre des cours en ligne, consulter des conseillers financiers, ou utiliser des logiciels et des outils financiers pour vous aider dans vos calculs.

En conclusion, les mathématiques financières sont un outil essentiel pour naviguer dans le monde complexe des placements et des emprunts. En comprenant ces concepts, vous serez mieux équipé pour prendre des décisions éclairées et atteindre vos objectifs financiers. Nous espérons que ce guide vous a fourni les connaissances nécessaires pour réussir dans vos projets financiers. Bonne pratique et bonne gestion de vos finances !

8. Annexes

8.1 Glossaire des Termes Financiers

1. Fonction Exponentielle :

Une fonction mathématique qui modélise la croissance exponentielle d'un capital sur une période de temps.

2. Intérêts Composés :

La croissance d'un capital où les intérêts gagnés sont ajoutés au capital initial, générant des intérêts sur les intérêts.

3. Logarithme Népérien :

Le logarithme en base e, une constante mathématique, utilisé pour simplifier les calculs liés aux taux de croissance exponentielle.

4. Mensualité :

Le paiement mensuel requis pour rembourser un emprunt sur une période définie.

5. Taux d'Intérêt :

Le pourcentage qui détermine le coût de l'emprunt ou le rendement de l'investissement.

6. Taux d'Intérêt Annuel Effectif (TAEG) :

Un taux qui inclut tous les frais liés à un emprunt, offrant une vision globale du coût de l'emprunt.

7. Taux d'Intérêt Composé :

Le taux d'intérêt appliqué sur un capital initial et les intérêts précédemment gagnés.

8. Fonds d'Urgence :

Une épargne réservée aux dépenses inattendues, conçue pour faire face à des situations d'urgence.

9. Investissement Responsable :

L'investissement qui prend en compte les critères environnementaux, sociaux et de gouvernance (ESG) pour soutenir des pratiques durables.

10. Prêt à Taux Fixe :

Un emprunt avec un taux d'intérêt constant tout au long de la durée du prêt.

8.2 NOTA BENE

Cher lecteur,

Je tiens à m'excuser pour toute confusion ou erreur de calcul qui pourrait survenir dans les exemples présentés dans ce livre. Bien que nous nous efforcions de fournir des informations précises et des calculs corrects, il est possible que des erreurs puissent se glisser. Les mathématiques et les calculs financiers peuvent être complexes, et il est important de vérifier attentivement les résultats, en particulier lorsque des taux d'intérêt ou d'autres paramètres varient.

L'objectif de ce livre est de vous fournir des outils et des concepts pour comprendre et résoudre des problèmes financiers, mais il est essentiel de toujours vérifier les résultats par vous-même, en particulier si vous appliquez ces concepts à des situations financières réelles.